世界一
細かすぎる
筋トレ
事典

日本体育大学教授
現役ボディビルダー
岡田隆

はじめに

理想の身体《カラダ》を手にするために、多くの日本人が筋トレに取り組むようになりました。近年のフィットネスブームの勢いは凄まじく、トレーニングに対するリテラシーが底上げされていることを強く感じます。

ボディメイクにおいて、トレーニングと切っても切れない関係にある〝食事〟においても同様です。「筋肉を増やしたい」「脂肪を減らしたい」「トレーニング効果を高めたい」といった目標を達成するためには、トレーニングだけでは不十分。適切な栄養の摂取が必要です。そんな考えも、もはや常識になりました。

ただし、自分にとって最適な情報にたどり着くとなると、事情は変わってきます。栄養に関するマーケットは極めて広いため、メディアやインフルエンサー、食品・ヘルスケア業界の各企業は日々情報を発信。一部には信憑性に欠ける情報、「〇〇だけダイエット」のような過激な表現、消費者を騙そうとする悪質な広告も含まれるため、玉石混交の状態になっていることは否めません。〝情報の摂取〟は、〝栄養の摂取〟よりも難しいのです。

偏った情報に飲み込まれないための唯一の方法は、偏りのない基本知識を頭に入れておくことです。まずは人体の構造を把握し、なぜ栄養が必要なのかを体系的に理解していく。その上で、多岐にわたる個別の栄養素に対し、自ら主体的に調べていく。本書は、そんな食事に関する全体像を整理する、〝完全版〟を目指して執筆しました。

シリーズ前作『世界一細かすぎる筋トレ図鑑』と併せてご購読いただければ、あなたに必要なトレーニング種目と栄養素を網羅できるはずです。落ちない脂肪も、つかない筋肉もありません。ぜひ本書を片手に、身体づくりの探究の旅へと出発してください。

岡田　隆

「今日はなにを筋肉に与える？」

バズーカ式最強の筋トレ食
クイックレビュー30

迷ったらとりあえず
コレを食せ！
バズーカ岡田が
科学的根拠と経験から厳選した
筋肉の材料とガソリン30種

#2　餅

古墳時代から伝わる
カーボアップ食材

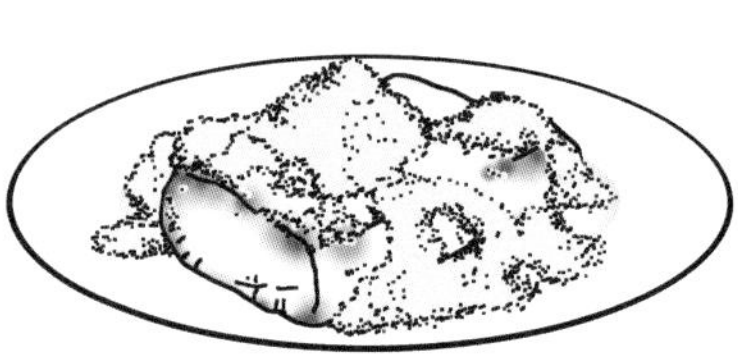

バズーカメモ

バルクアップ時に最適。
アミロペクチン100%で
ガソリン（糖質）の急速注入。

#1　そば

細いプロテインバー

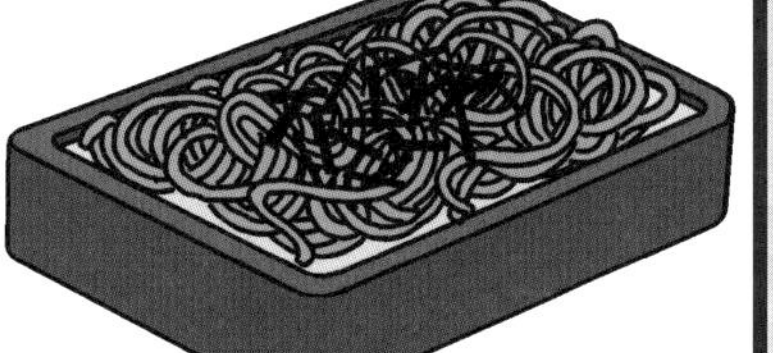

バズーカメモ

太りにくい炭水化物。
PFCバランス（P174）と呼ばれる
3大栄養素のバランスがとても優秀。

※アミロペクチン：多数のグルコースが枝分かれし鎖のように結合したデンプンの主成分。

#4　オートミール

バズーカメモ

腹持ちがよい炭水化物。
調理が簡単で、レシピも豊富。

#3　パスタ

バズーカメモ

バルクアップ時に有効な炭水化物。
タンパク質の含有量が多い。

#6　和菓子（大福・団子）

バズーカメモ

脂質が少なく、減量中でも
最強の甘味かつガソリンとして活躍。

#5　スーパー大麦

バズーカメモ

食物繊維が豊富。
腸の奥まで食物繊維が行き届く。

#7　鶏むね肉

最強のP食材

バズーカメモ

タンパク質が多く、安価で手に入る。
レシピも豊富。

#8　サラダチキン＆ちくわ

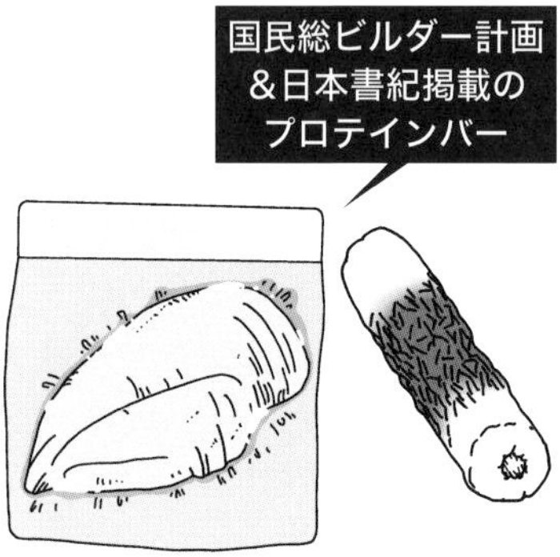

国民総ビルダー計画
＆日本書紀掲載の
プロテインバー

バズーカメモ

高タンパク・低脂肪で、
いざという時コンビニで
手に入れることができる。

#9　ツナ缶

海の
プロテインバーを
缶に
詰めました

バズーカメモ

ノンオイルであれば
高タンパク・低脂肪。
保存期間が長く、持ち運びが便利。

#10　ホッケ、エイヒレ、かつおのたたき

居酒屋に仕込まれた
ビルダー食

バズーカメモ

タンパク質が多く、
脂質があっても良質。
居酒屋にあることが多い。

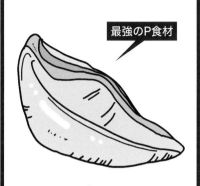

#11 卵

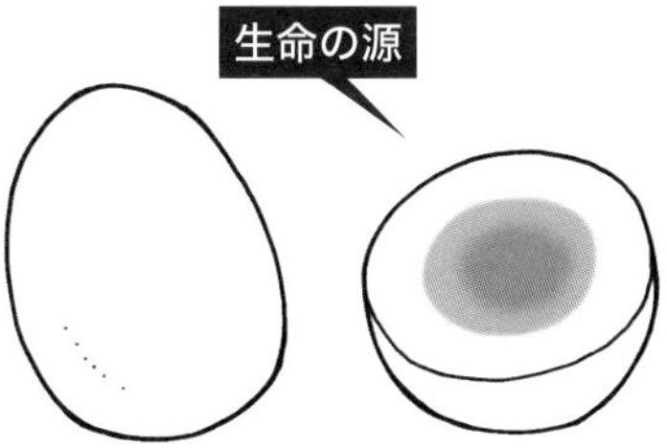

バズーカメモ

卵黄は、食物繊維とビタミンC以外の
ほぼすべての栄養素がある。

#12 MCTオイル

バズーカメモ

代謝経路が他の脂質と異なり、
エネルギーに変換されやすい。
(P88)

#13 さば缶

バズーカメモ

良質なタンパク質と脂質を
摂取でき、保存期間が長い。
持ち運びが便利。

#14 グレープフルーツ

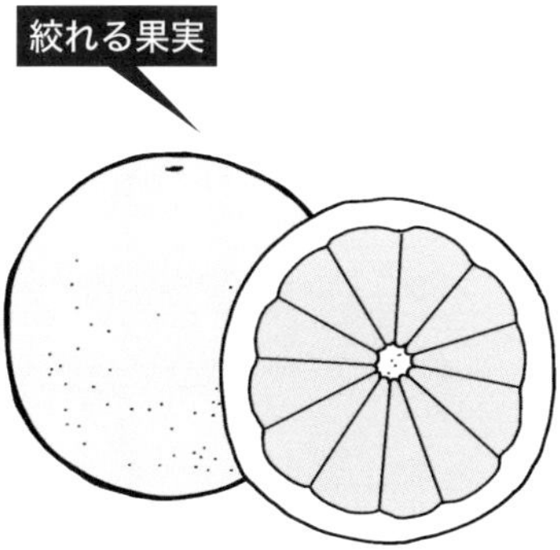

バズーカメモ

クエン酸が豊富、苦味成分である
「ナリンギン」には、食欲を抑えて
少量の食事でも満腹感が得られる。

#15 パイナップル

Pの分解酵素入りとか
果物の範囲を超えてる

バズーカメモ

タンパク質分解酵素、
ブロメラインを摂取できる。

#16 ブラックコーヒー

絞れる水

バズーカメモ

カフェイン摂取による脂肪燃焼に有利、
パフォーマンス向上が望める。

#17 納豆

大きめな
プロテインパウダー

バズーカメモ

プロバイオティクス、
プレバイオティクスの両方を摂取でき、
植物性タンパク質まで摂取できる。

#18 鷹の爪・キムチ・唐辛子

絞り食材

バズーカメモ

血行促進や発汗作用をもたらす
カプサイシンが多く含まれる。

#19 トマト

バズーカメモ

トマトに含まれる
フィトケミカル(リコピン)が
基礎代謝を向上させる。

#20 ナッツ

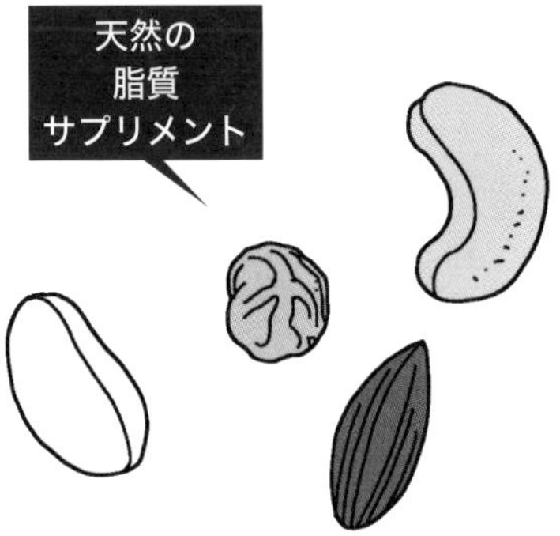

バズーカメモ

脂質の摂取に役立ち、
PFCバランスの
調整や満腹感の向上に使える。

※フィトケミカル：野菜や果物の色素や香り、辛味、苦味などに含まれる機能性成分。

#21 ギリシャヨーグルト

バズーカメモ

通常のヨーグルトよりも
タンパク質が多く、
脂質が少ない。

#22 バナナ

バズーカメモ

カリウムが豊富。果糖を摂取できる。
甘味が欲しい時にも役立つ。

#23 海藻類（もずく、めかぶ、ひじき）

海に浮かぶ整腸物質

バズーカメモ

プレバイオティクスが多く、
整腸作用や食欲コントロールに
つながる。

#24 ブロッコリー

栄養素を詰め込み

バズーカメモ

ビタミンB1、B6、ビタミンC。
そして野菜なのにタンパク質まで豊富。

#25 ほうれん草

エルゴジェニック植物

バズーカメモ

硝酸塩の摂取が
筋力および筋持久力を向上させる。

#26 干しいも・さつまいも・じゃがいも

おそらく
狩猟採集時代から
愛されるエナジーバー

バズーカメモ

食物繊維が豊富で、
脂質が少ない炭水化物。
持ち運びが便利。

#27 カッテージチーズ

バズーカメモ

チーズなのに、
低脂質＆低カロリー。

#28 アボカド

バズーカメモ

良質な脂質を摂取できる。
ケトジェニックなどでも使用される。
森のバター。

#29 ブロススープ

バズーカメモ

だし（ブロス）がアミノ酸の状態で
スープの中に溶けているため、
消化に負担がかからず吸収できる。

#30 ハチミツ

バズーカメモ

砂糖よりも甘味が強く少量で済む。
ビタミン、ミネラルを含み、また抗菌効果も。

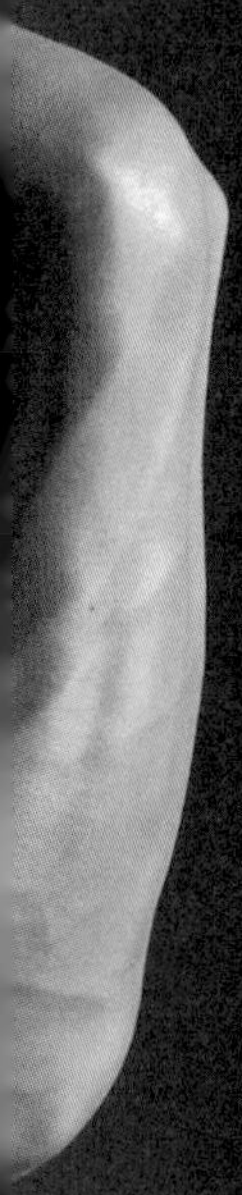

理想のカラダをつくるのは食事である！

食事が身体《カラダ》を変えている。その原則を忘れてはならない

人間の身体は、無数の細胞とそれを取り巻く細胞外マトリックス（主成分は糖とタンパク質）の集合体です。その多くは新陳代謝を繰り返すことで、日々生まれ変わっています。筋肉がついたり、太ったり痩せたりするのも、身体が常に〝変化する存在〟だから。このしくみがあることで、私たちは理想の身体をつくる、いわゆる〝ボディメイク〟ができるのです。

ではこの細胞などは、どこからつくられるのでしょうか。生成されるのは体内ですが、そこには多くの素材が必要になります。素材

の大部分は、食事によって摂取されなければなりません。つまり、**食事がなければ、筋肉はおろか、肌や髪の毛、脳細胞、そして脂肪さえも生成できない**のです。

生命活動の中心となる食事は、ボディメイクの主役であり、無数のバリエーションがあります。食材、調理法、摂取量、時間帯、回数……。これらを目的に応じて最適化することで、私たちは初めて理想の身体を手に入れられます。ボディメイクの第一歩は食事から、身体は食べたものからできているのです！

トレーニングが100点満点でも、

食事とトレーニングの両輪でボディメイクは進んでいく

「極限まで筋肥大させたい」「メリハリのあるボディラインにしたい」「徹底的に絞り込みたい」……。皆さんが取り組むボディメイクには、十人十色の理想があるはずです。しかし、目標に向けて努力をしても、なかなか成果が上がらないという人も多いのではないでしょうか。

挫折しそうにもなるこの瞬間、ほとんどの人が疑うのがトレーニングです。「筋トレのフォームは正しいか？」「種目が足りていないか？」「有酸素運動をすべきか？」……。たしかに運動の方法を間違えると、筋肥大も除脂肪も達成できません。しかし、本当に原因はそこにあるのでしょうか？

目を向けるべきなのは、むしろ食事かもし

れません。**栄養は筋肉の素材になるだけでなく、トレーニングのパフォーマンスや脂肪の燃焼に強く関わるのはもちろん、内臓や血液、神経による機能調整まで、さまざまな側面でボディメイクと関わっています**。そして、一定の年齢から始めるトレーニングと比べ、長年の習慣が伴う食事は、しっかりと目標を定めて客観的に見つめ直した経験がある人も少ないからです。

つまり、どんなに完璧なトレーニングを心がけ、日々怠らずに実践していても、**適切な食事が摂れていなければ、効果は激減してしまう**のです。これほど無駄なことがあるでしょうか。ボディメイクに取り組む時は必ず食事とトレーニングを両輪で考えてください。

食事が0点なら効果は半減！
（いや、0点と考えろ!!）

カラダに必要な栄養素を自分でカスタムする!

摂取すべき栄養素は、目的により日々異なる

では、適切な食事とは何か? 答えは目的によって大きく変わります。栄養素には無数の種類があり、それぞれ役割が異なるため、**「これだけを食べていれば良い」という浅薄なメソッドにはとても集約できないもの**です。唯一断言できるのは、「栄養は、何か1つに過不足があると悪影響が出る」こと。例えば、ダイエットを目的に糖質を極端に制限する人がいますが、これはトレーニングがしっかりできず、筋肉が減ることで基礎代謝量も下がり、かえって太るケースです。このように考えると、まずはバランスの良い食事を心がけることが第一だということがわかります。その上で、「筋肥大」「筋力向上」「脂肪燃焼」「疲労回復」というように、目的に合わせて**自分で栄養摂取をカスタマイズする**と良いでしょう。

そのために、各栄養素の機能、含まれる食材、人体のメカニズム、トレーニングとの関係などについて、カスタマイズの基本となる知識を習得する。すると、「減量中だけど、今日は激しくトレーニングをしたいから、これを食べよう」と、日々の食事を自由自在にコントロールできるようになります。食欲や気分に振り回されることもなくなります。

目次

第3章 役割をイメージせよ！ ボディメイクの細かすぎる栄養事典

【機能性成分】

第4章 栄養学の知識を自分のカラダに落とし込め！

▼実践編

【筋肥大の食事】

【除脂肪の食事】

【食事のカスタム術】

岡田隆のバズーカコラム

引用したデータや文献については、該当部分および引用先（省略形）を、※印で示しました。
略さない形式や、その他の文献についてはサイトにてまとめています。
上記からダウンロードしてご覧ください。

第1章

人体のしくみを知らずして食事の管理はできない！

人体のしくみ

消化・吸収のメカニズム

食事を口に入れた瞬間から身体は反応する！

食事によって摂取した栄養が、身体のために機能するまでには、長い道のりがあります。その流れをたどっていきましょう。

実は、食べ物を見たり、調理の音を聞いたりするだけで、人間の身体は反応しています。美味しそうなものを見て唾液が出るのはその1つです。口に運ばれた食品はまず、口腔、胃、腸などの「消化器官」によって、体内に取り込むことができるサイズの「栄養素」へと分解されます。これが「消化」で、消化で働く体内の物質が「消化酵素」です。

消化された栄養素は、主に小腸から体内に「吸収」され、その多くが肝臓に運ばれます。そして、静脈と心臓を経て全身に送られていきます。こうして、栄養素は体内のさまざまな場所で利用されたり、貯蔵されたりするのです。

吸収された栄養素や、貯蔵されている栄養素は、エネルギーやタンパク質、その他の生命活動に必要な物質たちに変化していきます。これを**「代謝」**と呼び、代謝が行われるのは、肝臓や各細胞の内部などです。吸収や代謝の後に残った不要な物質は、便や尿として出されます。これは「排泄」というプロセスになります。

消化器系を巡る"消化・吸収"の旅

「人間は外界から得た物質を必要な物質に つくり替えて(代謝)生きている」

消化・吸収と代謝

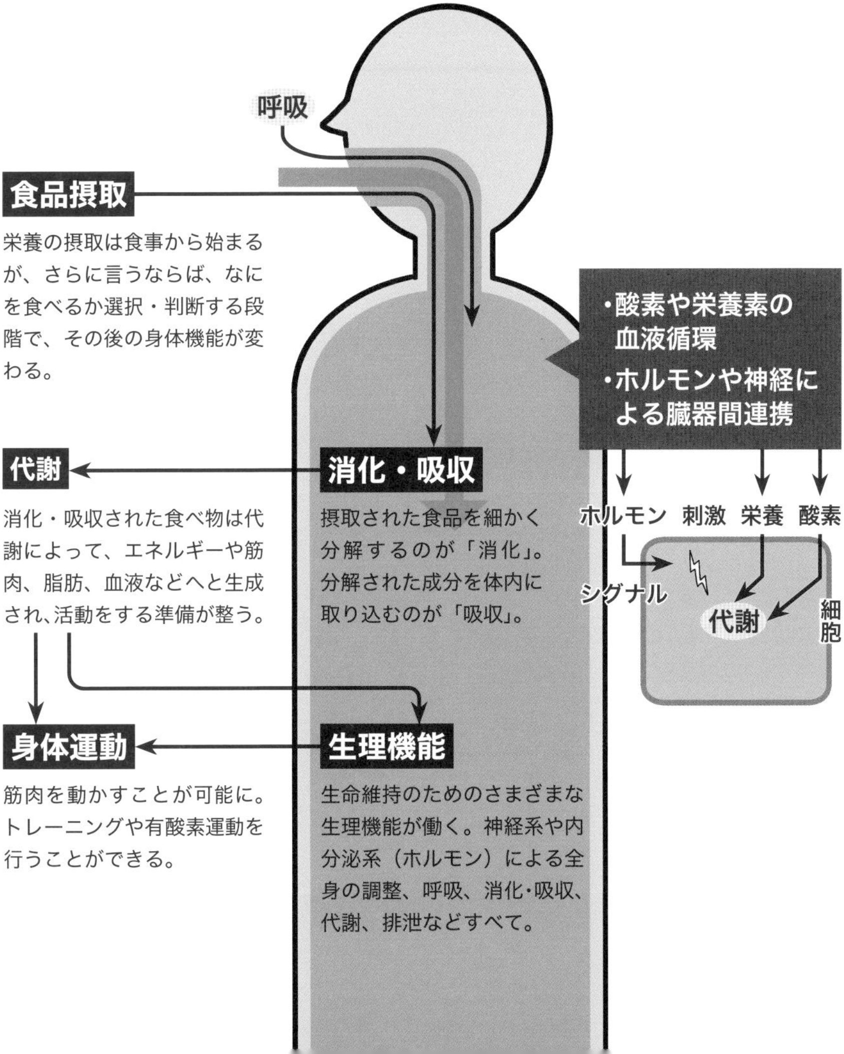
呼吸
食品摂取
栄養の摂取は食事から始まるが、さらに言うならば、なにを食べるか選択・判断する段階で、その後の身体機能が変わる。
・酸素や栄養素の血液循環
・ホルモンや神経による臓器間連携
代謝
消化・吸収された食べ物は代謝によって、エネルギーや筋肉、脂肪、血液などへと生成され、活動をする準備が整う。
消化・吸収
摂取された食品を細かく分解するのが「消化」。分解された成分を体内に取り込むのが「吸収」。
ホルモン
刺激
栄養
酸素
シグナル
代謝
細胞
身体運動
筋肉を動かすことが可能に。トレーニングや有酸素運動を行うことができる。
生理機能
生命維持のためのさまざまな生理機能が働く。神経系や内分泌系(ホルモン)による全身の調整、呼吸、消化・吸収、代謝、排泄などすべて。

「消化・吸収が正しく機能しなければ、筋肉の材料とガソリンがきちんと届かない」

口腔～胃

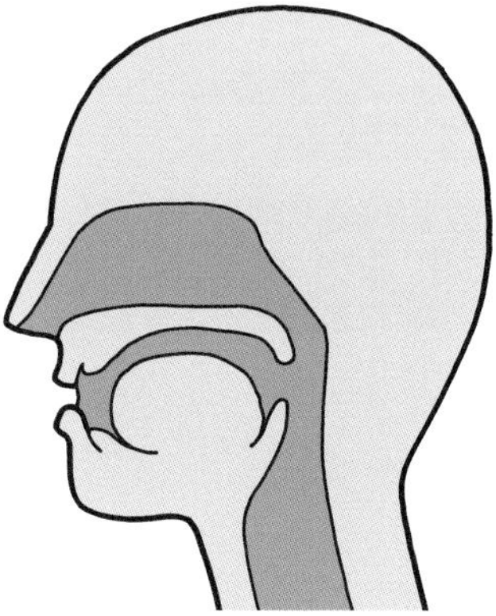

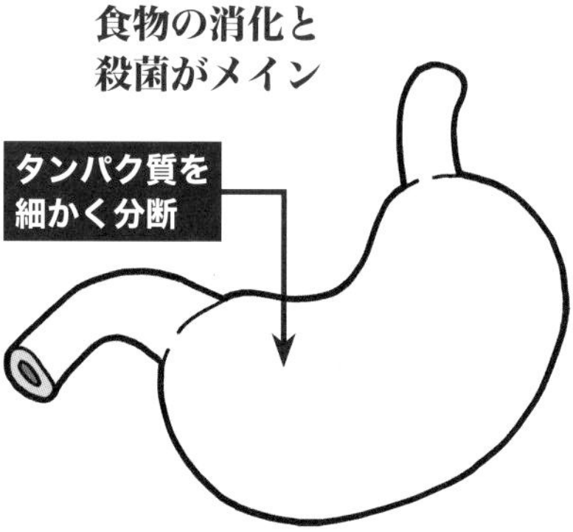

口腔で食塊を形成
食物は咀嚼と唾液によって、喉を通過できるサイズに刻まれる。この際に唾液に含まれる酵素「アミラーゼ」により、糖質においては消化がスタート。「多糖類」が「二糖類」に分解される。食品は、その後、咽頭と食道を経由して胃に到着する。

胃に運ばれてきた食物は、１～４時間とどまることになる。ここでは強酸性の胃液が分泌され、微生物が殺菌。また、脂質とタンパク質の消化が開始され、「脂肪酸」「ポリペプチド」など細かな分子の栄養素に分解される。さらにミネラルが水に溶けて「イオン」の状態に変わるなど、胃はさまざまな役割を果たす。

十二指腸

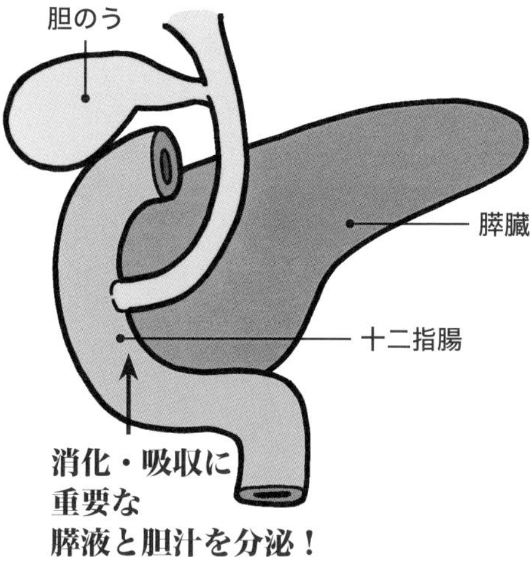

ドロドロになった食物に消化液が合流
胃から排出された食物は、次に十二指腸に運ばれる。食物に混ざった胃液の強酸性が感知され、弱アルカリ性の「膵液」と「胆汁」が分泌されることで中和される。このうち膵液は、糖質、脂質、タンパク質など、食物の大部分を消化。胆汁は脂肪の吸収を助ける機能も持つ。胃液から小腸を守る上でも、十二指腸の役割は重要だ。

小腸

ほぼ肝臓に納品

吸収された栄養素のほとんどは、肝臓へと向かう。糖質は「単糖」、タンパク質は「アミノ酸」や「ジペプチド」「トリペプチド」、脂質は「脂肪酸」（中鎖脂肪酸以下）と、それぞれ細かな分子になり、肝臓で代謝されていく。一方、食物繊維や消化液などは大腸に移行。

小腸

栄養素は小腸で吸収！

消化された栄養素は、全長６～７ｍに及ぶ小腸に到達。１日に約９ℓの消化物と消化液が小腸に送られ、このうち７ℓが小腸内で処理される。残りの２ℓは大腸へと送られる。この小腸内部で食物繊維以外のほとんどが、「微絨毛」から体内に吸収されていく。

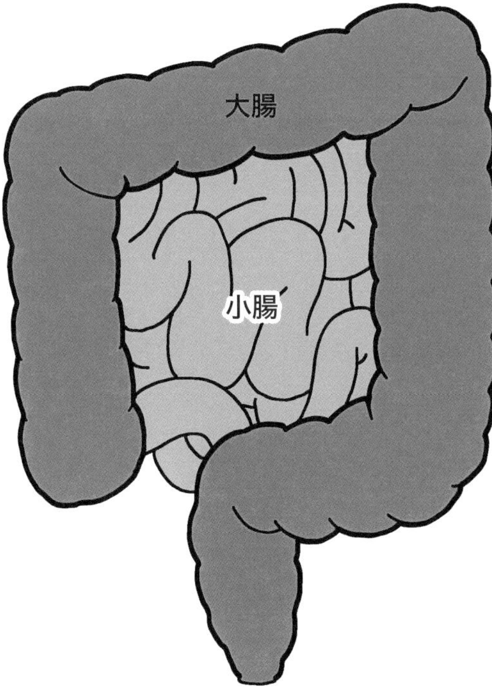

小腸

一部の脂質はリンパ管へ

脂肪酸のうち「長鎖脂肪酸」に関しては、小腸からリンパ管を経て心臓へ運ばれ、全身を循環。心臓の筋肉や骨格筋のエネルギーになりながら、骨格筋付近の皮下脂肪にも蓄積されていく。皮下脂肪は骨格筋細胞への持続的なエネルギー供給源として重要。

大腸

水分を吸収し便をつくる大腸

大腸に運ばれた食物繊維や吸収されなかった成分は、多くの腸内細菌によって発酵し、ガスや有機成分が排泄物として放出される。この成分を含みながら、水分が吸収されることで糞便を形成。最終的に排泄される。

大腸

便秘の影響

３日以上排泄がない状態は便秘といわれるが、便秘が生じると、腸内環境の悪化、免疫不全、有害ミネラルの蓄積につながるため、病的な状態と考えることもでき、真剣に改善に取り組むべき。

栄養供給の元締めは「肝臓」である！

食事によって得られた栄養素は、体内に取り込まれることで初めて役割を果たしますが、この際に重要な仕事をするのが肝臓です。**消化管により吸収された栄養素を集約し、身体の各機能に必要な物質に変換した後、全身へと届けていく、栄養の〝加工場〟のような役割を果たしている**のです。

肝臓の仕事を細かく見ると、エネルギー代謝や解毒、栄養素の貯蔵、胆汁の生成など多岐にわたります。中でも、ボディメイクと深く関わるのが、エネルギー源である「グリコーゲン」を生成する**「糖代謝」**、取り込んだ脂肪酸から「中性脂肪」や「コレステロール」を合成する**「脂質代謝」**、アミノ酸からタンパク質をつくり出す**「タンパク質代謝」**の3つでしょう。これらの働きによりトレーニング時のエネルギーが生み出され、筋肉の合成に必要な素材も供給されるからです。

生命の維持にも関わる肝臓ですが、障害があっても自覚症状が表れにくいことから、〝沈黙の臓器〟とも呼ばれます。肝臓を助ける栄養素も摂取することで、健全な機能をキープするようにしましょう。

栄養供給のメカニズム

吸収された栄養素は肝臓へ！

「消化器系を取り仕切る人体の中で最大の臓器」

肝臓の構造

人体で最も大きな臓器である肝臓の重さは、体重の約2.5%にのぼる。成人では1kg以上であり、これが理由で右重心になる人も。

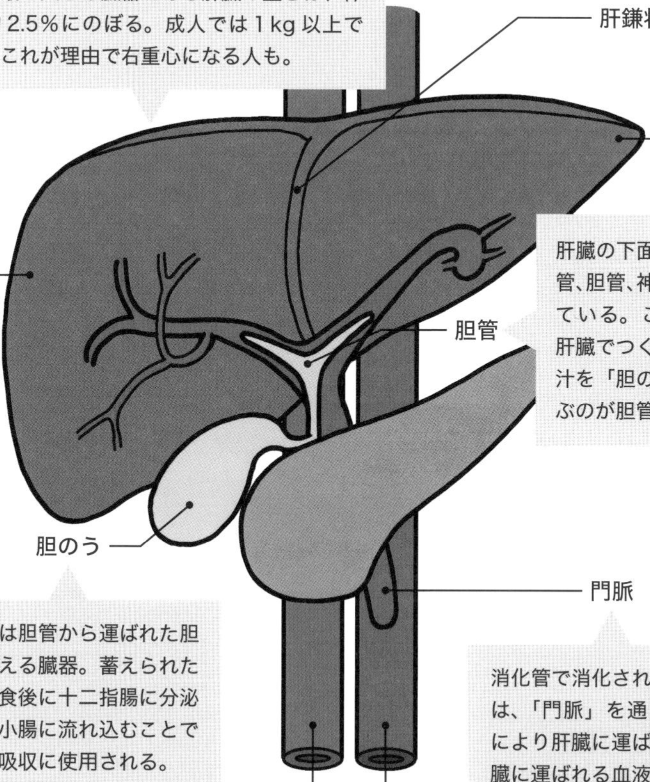

肝臓の下面には、血管、胆管、神経が走っている。このうち、肝臓でつくられた胆汁を「胆のう」に運ぶのが胆管である。

胆のうは胆管から運ばれた胆汁を蓄える臓器。蓄えられた胆汁は食後に十二指腸に分泌され、小腸に流れ込むことで消化・吸収に使用される。

消化管で消化された栄養素は、「門脈」を通じて血液により肝臓に運ばれる。肝臓に運ばれる血液の約3分の2が門脈を通っており、残りは心臓から「肝動脈」を経て運ばれてくる。心臓から運ばれる血液には多くの酵素が含まれ、肝臓での代謝に働きかけている。

肝臓に流れ込んだ血液は「肝静脈」から「下大静脈」に注ぎ、全身に送り出される。

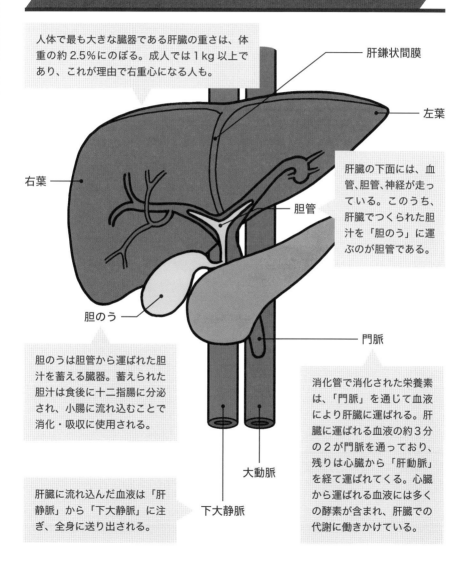

「肝臓の役割が多すぎてエグい」

**臓器の中でも、さまざまな働きを持つ肝臓。
その役割はどれも重要で、
ボディメイクにも密接に関わっている。**

役割1 栄養素を変換（代謝）する

糖の代謝

消化された糖質は、最終的に「グルコース（ブドウ糖）」に分解され、エネルギー源として使用されるが、エネルギーが不要である時は「グリコーゲン」として肝臓や筋肉などに貯蔵される。肝臓はグルコースからグリコーゲンを合成する機能があり、さらにそれを蓄えておくことで、血中のグルコースが不足した際に再びグルコースを全身に送り出してくれる。この働きにより、血糖値調整の一部を担っている。

タンパク質の代謝

食物中のタンパク質は、消化により「アミノ酸」「ペプチド」に分解され、小腸より吸収される。取り込まれたアミノ酸は、再びタンパク質につくり替えられることで、筋肉、骨、内臓などさまざまな組織に変わっていく。この変換作業の一翼を担っているのが肝臓であり、吸収された「必須アミノ酸」から「非必須アミノ酸」を合成したり、血液に含まれる「血漿《しょう》タンパク質」を合成し、血液にタンパク質を送り込んだりしている。

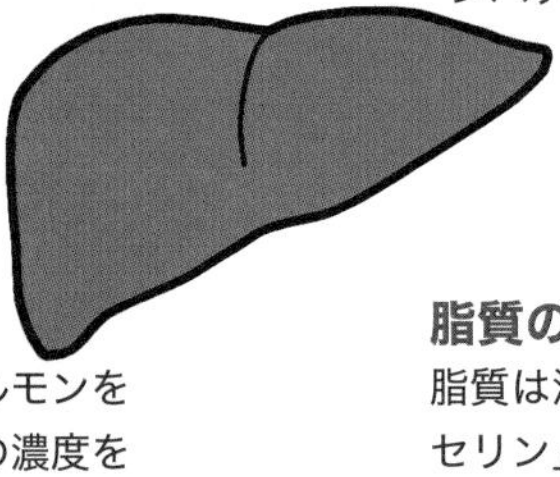

ホルモンの代謝

肝臓には、過剰になったホルモンを処理していくことで、体内の濃度を適正に維持する働きがある。肝機能が不全になると、例えば「エストロゲン（女性ホルモン）」の不活性化が阻害され、処理がうまくいかないことで乳がんや子宮がんが生じやすくなる。女性ホルモンは男性においても機能しているため、身体にさまざまな変化をもたらしてしまうことも多い。

脂質の代謝

脂質は消化管で「脂肪酸」と「グリセリン」に分解されることで吸収される。肝臓では、脂肪酸から「中性脂肪（トリグリセリド）」「コレステロール」「リン脂質」を含む「リポタンパク質」という物質を合成。中性脂肪は体内の脂肪組織に蓄えられるエネルギー源になっていく。コレステロールは細胞膜やホルモンなどを生成する材料になる。

役割 2 栄養素を貯蔵する

肝臓は、代謝によって合成された「グリコーゲン」や「中性脂肪（トリグリセリド）」を貯蔵し、運動時にエネルギーが枯渇した時など、必要に応じて全身に供給してくれる〝貯蔵庫〟の機能もある。さらに、腸から吸収された「ビタミンA」「ビタミンD」「ビタミンB12」などのビタミン、「鉄」などのミネラルの貯蔵も行っており、随時、全身へと送り出しているのだ。

役割 3 有害物質を解毒し不要物を捨てる

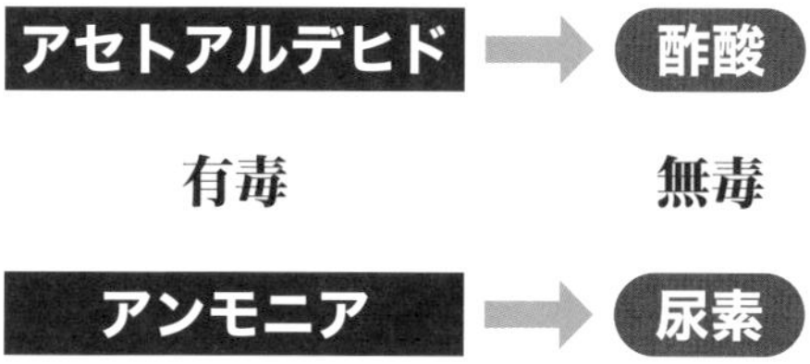

食事や薬剤により摂取した物質、代謝によって生じた体に有害な物質を、解毒してくれるのも肝臓。血液中の有毒物質を分解して毒性の低い物質に変換し、尿や胆汁によって排出する。アルコールは最たる例で、有毒物質である「アセトアルデヒド」を「酢酸」へと分解することで無毒化。また、アミノ酸を分解する際に生じる「アンモニア」は、「尿素」に変換され尿で排出される。

役割 4 胆汁をつくる

肝臓の重要な役割の１つが胆汁の生成。主な役割は、小腸で脂質消化を助けることと、体内の不要物を排出すること。前者は脂質を吸収できる状態にするために特に重要だ。胆汁には、消化作用に寄与する「胆汁酸」のほか、黄色の色素である「ビリルビン」も含まれているため、黄色いことが特徴。

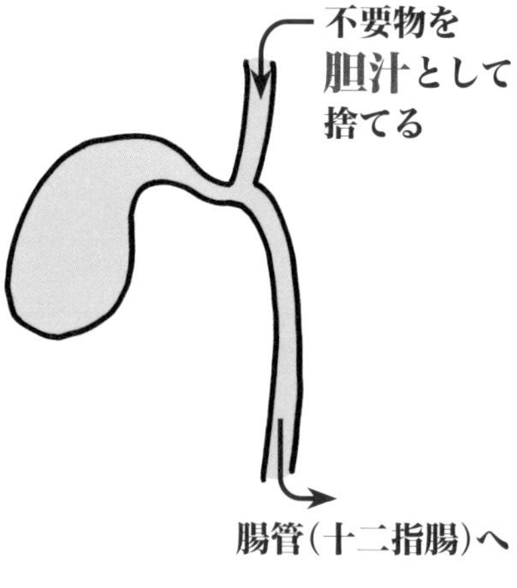

筋肉はハイブリッド式。燃料を有効に使って動かせ!!

トレーニングはもちろん、私たちが日々身体を動かすためには〝燃料〟が必要です。**エネルギーを産出できる食物中の栄養素は、炭水化物（糖質）、脂質、タンパク質の3つ。**これらは「３大栄養素」と呼ばれます。トレーニングなどの運動は、主に炭水化物（糖質）と脂質を使って行われるので、ある意味ハイブリッドシステムといえます。

消費されるエネルギーは、主に３つに分けて考えます。１つ目は、呼吸や内臓の働きに使用される「基礎代謝」。２つ目が、生活や運動に使用される「生活活動代謝」。３つ目が食物を食べることで熱を発する「食事誘発性熱産生（特異動的作用）」で、これによって消費されるエネルギーです。この３つの総量が、食事から摂る「摂取カロリー」より高ければ体重が減り、低ければ増えるのが基本です。

人間の運動は、基本的に筋肉が収縮することで行われます。この「筋収縮」のためには**「ATP（アデノシン3リン酸）」と呼ばれる高エネルギー性の化合物が必要**です。ＡＴＰを産生・再合成する方法は３つ。**「ATP-CP系」「解糖系」「有酸素系」**です。それぞれ役割と必要な栄養素が異なるため、そのメカニズムを押さえておきましょう。

エネルギー代謝のメカニズム

エネルギーによって人体は動く！

「人体はATP(アデノシン３リン酸)という唯一のエネルギー物質で動いている」

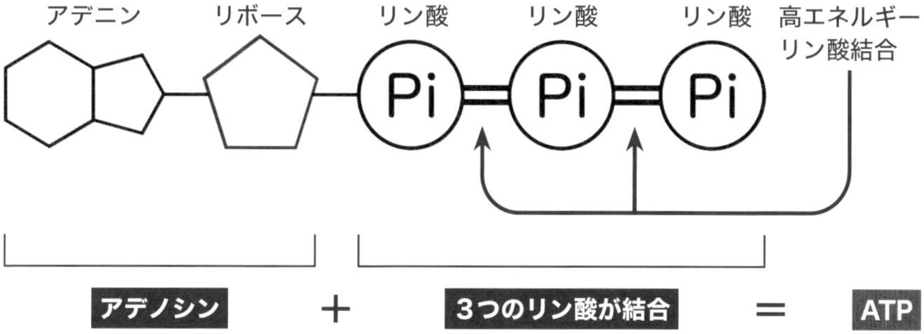

ATPの１つのリン酸が分解する時にエネルギーが放出される！

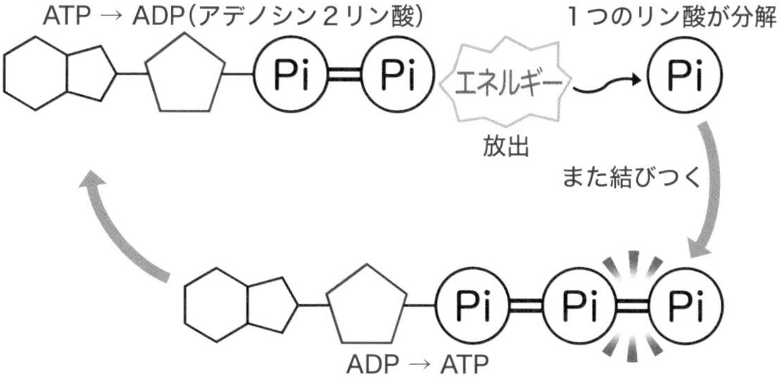

ATP は「Adenosine Tri-Phosphate（アデノシン３リン酸）」の略で、「アデニン」と「リボース」（この２つが「アデノシン」）と、３つの「リン酸」が結合した化合物。ここから１つのリン酸が分離し、「ADP（Adenosine Di-Phosphate ／アデノシン２リン酸）」に分解される瞬間、エネルギーが生じる。筋肉はこのエネルギーを利用することで収縮し、骨を引っ張ることで関節を動かすことができる。こうして、日常動作からダンベルの挙上に至る、あらゆる運動が可能になるのだ。

「筋肉はATPを使って収縮する」

アクチンとミオシンってなに？

筋肉は「筋線維」という細長い細胞が束になっており、筋線維にはゴムのように収縮性のある「筋原線維」がぎっしりと詰まっている。筋収縮は、一本一本の筋原線維が収縮することで起こっている。さらに細かく、筋原線維を横から見ると、「サルコメア（筋節）」という基本単位が連続していることがわかる。これを拡大すると､線維の最小単位として「アクチン」と「ミオシン」という２つの「フィラメント」が見えてくる。筋肉が弛緩している状態では、両フィラメントが離れているが、筋肉が興奮するとミオシンフィラメントがアクチンフィラメントを手繰りよせ、収縮が生じることで離れている部分（H帯）がくっつく。つまり、基本単位のサルコメアそのものが短くなるのが、筋収縮なのだ。

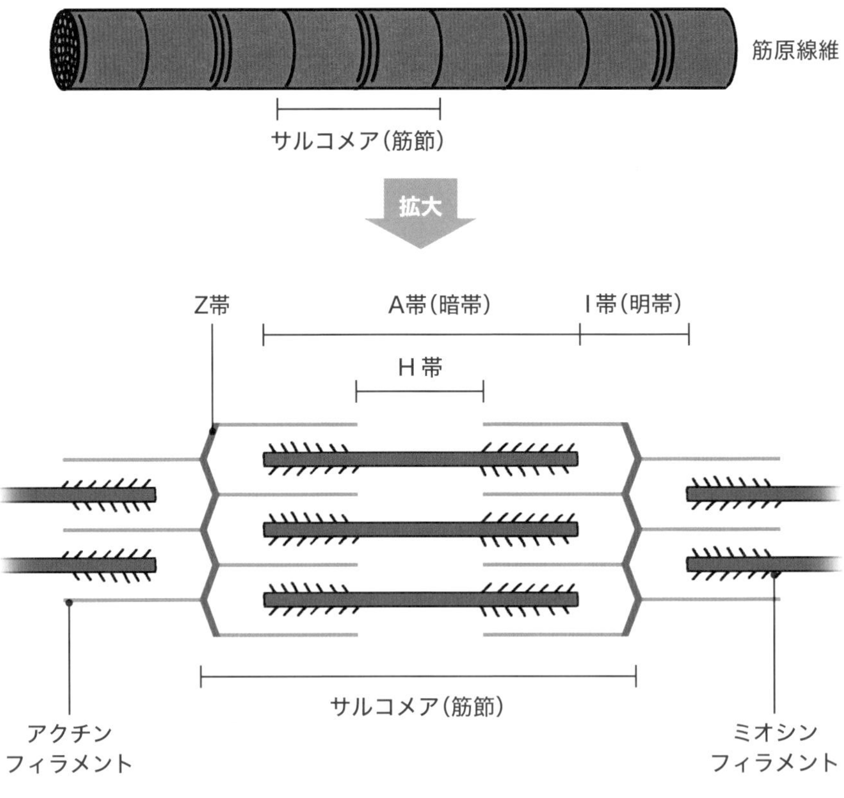

ATPと筋収縮のしくみ

筋肉は運動神経から刺激を受けると「カルシウムイオン」が放出され、それがアクチンフィラメント上にある「トロポニン」に結合する。すると、ミオシンフィラメントの頭部がアクチンフィラメントにくっつく。ミオシンはATPの分解酵素の役割も持つため、ATPの分解により発生するエネルギーにより頭部が動き、アクチンフィラメントを引き寄せる。

1 トロポニンやトロポミオシンがミオシンの結合部位を隠す

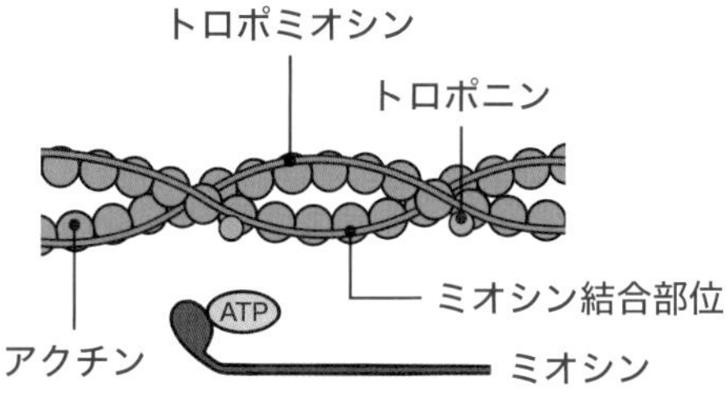

2 カルシウムイオンがトロポニンに結合する

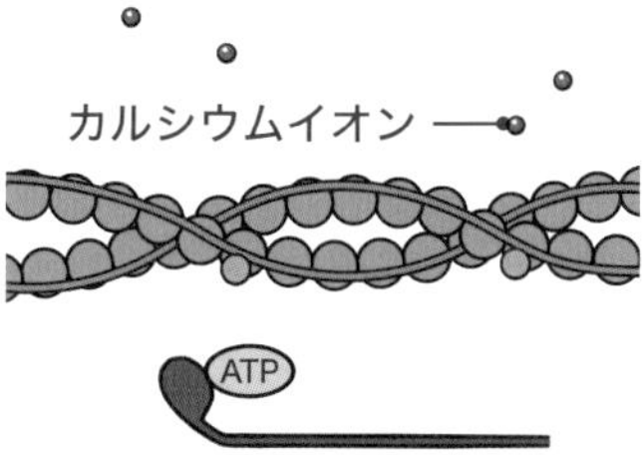

3 トロポニンの構造が変化しミオシン結合部位が露出

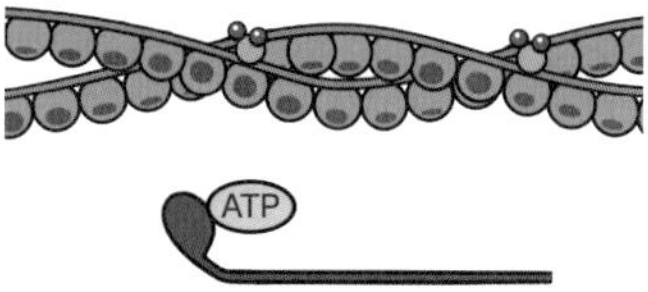

4 ミオシンの頭部がアクチンにつく

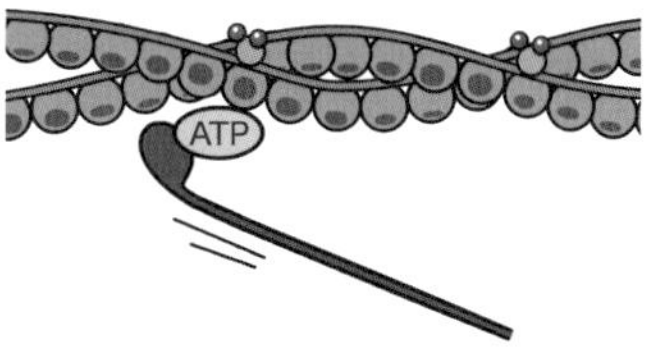

5 ミオシンの頭部がATPを分解

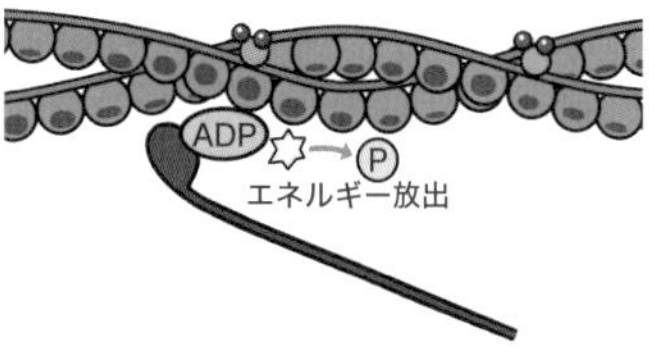

6 ミオシンが首振り運動、アクチンが収縮する

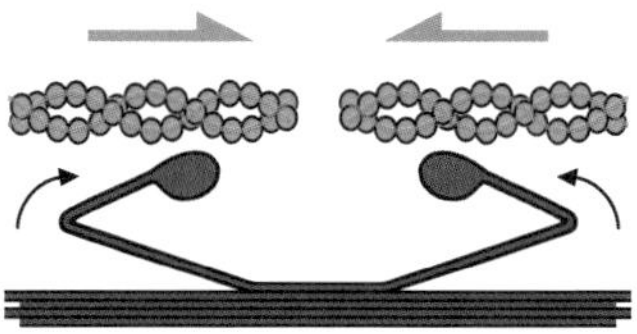

「ATPをつくるための３つのエネルギー供給系がある」

筋肉を動かす3つの経路とは?

前頁で解説した筋収縮のメカニズムから、運動により ATP が消費されることがわかる。しかし貯蔵できる ATP は多くはないため、消費された分を補充しなければならない。もし補充がゼロである場合、筋肉が５～６回収縮するだけでエネルギーは尽きてしまうのだ。そこで体内では、ATP を産生して供給するしくみを用意している。その経路は３つあり、運動の強度と持続する時間によって主に使用される経路が変わる。約８秒しか持たない「ATP-CP 系（クレアチンリン酸系）」、1 分程度の「解糖系（乳酸系）」、長時間持続する「有酸素系（クエン酸回路）」だ。運動強度は前者が最も高く、後者が最も低くなる。トレーニングでは主に ATP-CP 系、解糖系が使われる。このうち ATP-CP 系と解糖系は酸素を必要としないため「無酸素性エネルギー供給機構」、酸素を必要とする有酸素系は「有酸素性エネルギー供給機構」といわれる。

1 ATP-CP系　最速最短のエネルギー機構

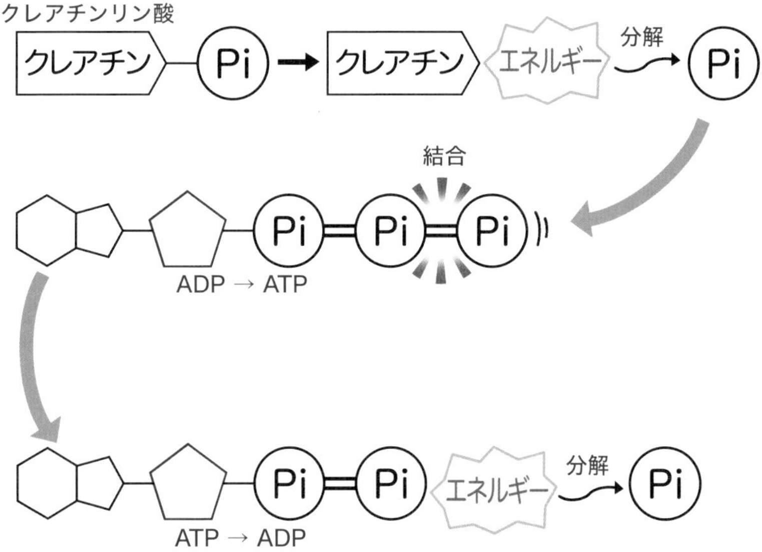

ATP-CP 系は、最も短時間で ATP を合成できる経路。筋肉に蓄えられた「クレアチンリン酸」が「クレアチン」と「リン酸」に分解する時のエネルギーを使い、酸素を使わずに ATP を合成する。このリン酸が、リン酸が１つ少ない状態の「ADP」と結びつくことで、ATP になるしくみだ。持続時間はわずか８秒程度しかないが、瞬発的な高強度運動時に動員され、大きなパワーを発揮。短距離走のスタートダッシュやウエイトリフティング、トレーニングにおいては低レップ高重量の種目で役立つ。

2 解糖系　短時間の無酸素性エネルギー供給機構

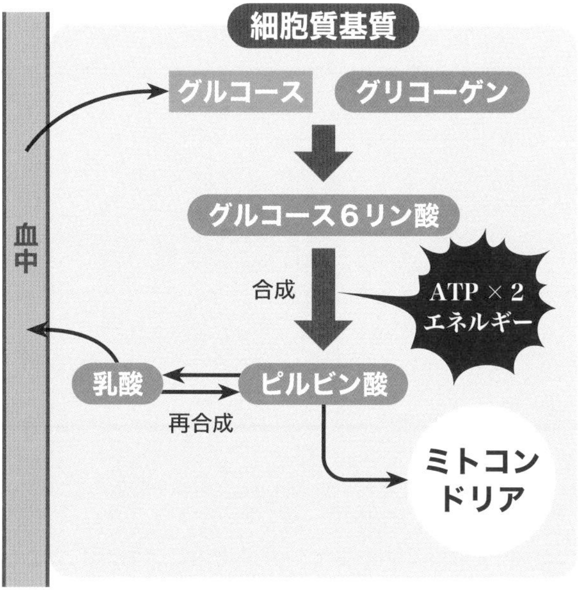

解糖系は、1分程度で疲労困憊に至る運動強度で動員される経路。3大栄養素である炭水化物の「糖質」が使用される。細胞内の「グルコース」が「ピルビン酸」に変化する過程で 、ATPが合成される。プロセスの最後には代謝産物として「乳酸」が生成されるが、この乳酸は再度ピルビン酸に戻り有酸素系で使用されるか、血液を経て別の筋肉などのエネルギー源になる。短距離離走や無酸素性運動がメインのスポーツ、5～20レップ程度の一般的なトレーニング種目などの高強度運動に対応している。

3 有酸素系　長時間供給の有酸素性エネルギー供給機構

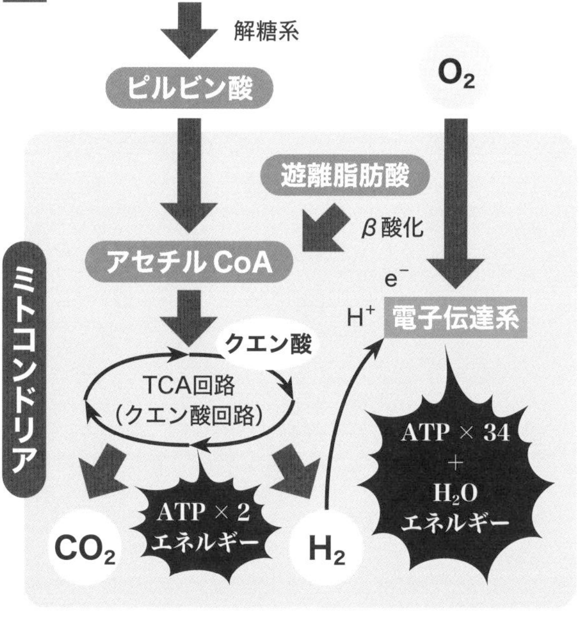

有酸素系の主なエネルギー基質は脂質であり、酸素やクエン酸を利用してATPを供給する。また解糖系で生じたピルビン酸もエネルギー基質として利用される。細胞の中にある「ミトコンドリア」で行われる。酸素が供給され続け、合成材料がある限り、理論上は無限に運動を継続できるのが特徴。一方、1秒あたりのエネルギー供給量は少ない。マラソンやトライアスロンなどの持久的な競技、ランニングをはじめとした低強度の運動に対応している。

バズーカ岡田の休養コラム①

運動と食事に並ぶ、睡眠の重要性

“運動”“栄養”と並び、ボディメイクの3大要素になるのが“休養”です。なかでも重要度が最も高いのは、睡眠になるでしょう。

私たちの身体は、自律神経による「神経性調節」、ホルモンなどによる「液性調節」によって常に制御されています。例えば、今皆さんが読書をしている間も、無意識に呼吸をし、心臓が動き、血管が収縮・弛緩し、胃腸が働いていますね。これは神経系が絶えず仕事をしている証です。そんな24時間営業の神経系を休ませるためのほぼ唯一の手段が睡眠です。

トレーニングにおいても、重たいバーベルを持ち上げられるのは、脳という神経からの信号がうまく伝達し、各筋肉に微細な動きを指令しているからです。トレーニングパフォーマンスを向上させるためには、日々の睡眠によって神経系を適切な状態に保つ必要があります。

睡眠には深い「**ノンレム睡眠**」と浅い「**レム睡眠**」とがあり、およそ90分周期で入れ替わると言われます。**筋肉の修復や脂肪の燃焼に作用する成長ホルモンが分泌されるのは、ノンレム睡眠の時**です。そのため、深い睡眠に達するための睡眠の“質”と、成長ホルモン分泌の回数を稼ぐ“量”（時間）は、ともに重要になります。日常生活の他の要素を鑑みながら、**できる限り質と量を増やしていくことで、トレーニング効果の最大化、怪我の防止、モチベーションの向上を実現できる**でしょう。

かくいう私も、しっかりと眠れていない日に「息が上がりやすい」「思うような重量を扱えない」「バーベルが重い」といった具合でパフォーマンスやモチベーションの低下を感じることが多々ありました。忙しくなればなるほど安定感が失われ、これではトレーニングの成果が得られないと感じ、最適な睡眠を探るようになりました。そして「睡眠時無呼吸症候群」の治療で入院したこともあるくらい、自分の睡眠を徹底的に見直した結果、パフォーマンスやモチベーションは安定しました。私は競技ボディビルダーなので、戦う準備がやっと整ったと考えています。そして実際に、世界3位などの結果を残すことができました。

どんなに的確なトレーニングと食事をしていても、睡眠が疎かだと効果は激減します。**しっかりと眠りを取らないのは、「脚トレの日にスクワットをしない」ようなもの**。ぜひ食事と一緒に、睡眠も見つめ直してください。

第2章

ボディメイクと5大栄養素の深すぎる関係

5大栄養素を制する者は身体づくりを制する！

体内でエネルギー源になる栄養素は、**「炭水化物（糖質）」「脂質」「タンパク質」**です。これらは**「3大栄養素」**と称され、食事において特に重視されます。一方、直接的にはエネルギー源にならない**「ビタミン」**と**「ミネラル」**も、身体の機能にとっては欠かすことができません。これらを加えた5つは**「5大栄養素」**と呼ばれます。

炭水化物のうち糖質は、最も頻繁に使用されるエネルギー源。即効性があることが特徴です。一方の脂質は貯蔵型のエネルギー源といえるでしょう。細胞膜やホルモンなど身体の材料にもなっています。タンパク質もエネルギー源として機能しますが、筋肉や骨など、全身のさまざまな組織の主な構成成分となることが重要な役割です。

ビタミンは、組織の構成成分にはならないものの、身体の機能を維持する上で重要な役割を果たします。ミネラルも微量ながら不可欠な栄養素で、身体の構成成分になったり、身体の調子を整えたりしています。

私たちの身体の中では、さまざまな**栄養素が別の物質に変わり、それらが複雑に絡み合いながら、各組織を構成したり、機能を維持したりしている**のです。

5大栄養素とボディメイク

5大栄養素の主な働き

炭水化物（糖質）

運動時にすぐ出動する エネルギーの源

炭水化物に含まれる糖質は、筋肉や脳を動かす際に、最も頻繁に使用されるエネルギー源。消化、吸収、代謝のプロセスが短時間で行われることから、即効性の高いエネルギー源であることが特徴。不足してしまうと、他からエネルギーを補わなければならず、筋肉や脂肪が分解されていく。一方でエネルギーとして消費されない余剰な糖質は中性脂肪に変換され、体脂肪になる。

脂質

必要に応じて利用される 貯蔵型エネルギー

脂質は体内でさまざまな形で存在し、必要に応じて利用される〝貯蔵型〟（主に体脂肪）のエネルギー源。また、細胞膜、臓器、神経などの構成成分にもなっている他、ビタミンの運搬のサポート、肌の潤いの保持、ホルモンの正常な働きの維持などの作用がある。一方、（貯蔵型エネルギー源ゆえに）体脂肪に変換されやすい栄養素で太る原因になってしまう。

タンパク質

筋肉を構成する主な原材料

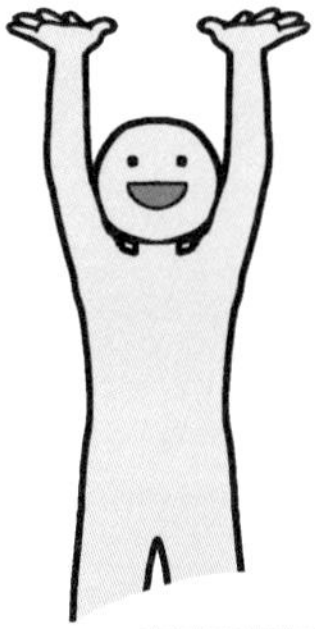

筋肉や骨など身体のさまざまな組織の主な構成成分がタンパク質。身体の多様な働きを調節する「ホルモン」、体内で物質の変換を担う「酵素」、外敵から身体を守る「免疫細胞」の素材にもなる。遺伝情報である「DNA」も、タンパク質の最小単位「アミノ酸」からつくられている。食事から摂取したタンパク質は消化されてアミノ酸となり、それが再び結合してタンパク質になることでさまざまな組織に変わっていく。

ビタミン

エネルギー産生の水先案内人

ビタミンはエネルギー源や組織の構成成分にならないものの、身体機能を正常に維持する上では不可欠な栄養素。糖質、脂質、タンパク質からのエネルギー産生をサポートする役割も持っている。皮膚や骨、血液の健康においても重要であり、体内ではほとんど合成されないため食事からの摂取が必須となる。

ミネラル

健康を支える裏方的存在

ごくわずかな量であるものの、身体の健康維持に欠かせないのがミネラル。骨や歯においては主要な構成成分になっており、それぞれのミネラル同士が互いに関係しながら、血液など体内の水分を正常に維持するなど、身体の調子を整えてくれている。不足すると欠乏症が生じる一方、摂り過ぎも過剰症や中毒を起こしてしまう。

糖の代謝

人間の身体は「糖力発電」？

呼吸、血液循環、消化・吸収、代謝、運動、思考。人間の生命活動には、エネルギーが必要になりますが、その主役を担っているのは糖質といっていいでしょう。

一言で糖質といっても、「単糖類」「二糖類」「多糖類」と糖が結びつく数によって種類があり、食物の中ではその形態はさまざま。構造が複雑である（糖が多い）ほど、消化において多くのプロセスを要します。しかし吸収の段階になるとすべてが最小単位である単糖に分解。それらは肝臓に集結し、基本的には「ブドウ糖（グルコース）」に変換されます。**グルコースはエネルギー源として極めて重要な栄養素で、「血糖」となり血液中を駆け巡ることで全身に運ばれ、ＡＴＰを産生することで筋肉の原動力に。**血液中にはグルコースが絶えず含まれることになりますが、この濃度が「血糖値」で、低下すると運動パフォーマンスも下がります。

一方、使われなかったグルコースは、**「グリコーゲン」として筋肉や肝臓に貯蔵されるか、「中性脂肪」に変わります。**グリコーゲンも中性脂肪も運動時のエネルギー供給で重要な役割を果たしており、枯渇すると十分に身体を動かせません。

こうした理由から、トレーニング時の糖質補給は必須だと考えられます。脂質やタンパク質と比べ分子構造が単純であるため、消化・吸収が早いというメリットもあります。

糖質は即効性のエネルギー源

**「糖質はブドウ糖（グルコース）に
変換されてエネルギー源になる」**

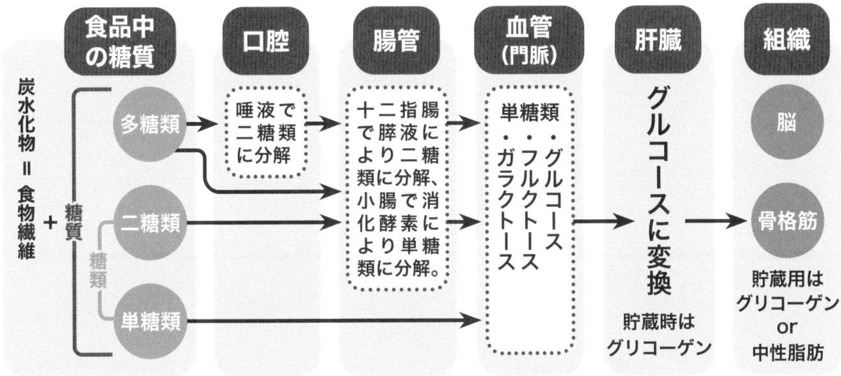

私たちは食事において、食物繊維と結びついた炭水化物という形で糖質を摂取しています。
また、菓子やジュースでは、精製された砂糖など（糖類）、糖質そのものの形態で摂取しています（炭水化物＞糖質＞糖類）。

グルコースの骨格筋への運び屋「GLUT4」

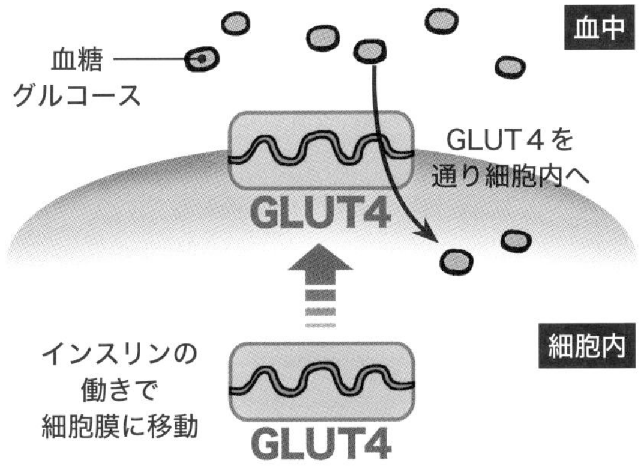

血液中のグルコースは、筋肉の細胞内に取り込まれ、即座に利用されるか、グリコーゲンとして貯蔵される。血液からグルコースを取り込む際に重要になるのが「GLUT4（グルコーストランスポーター４）」という輸送体。通常は細胞内にあるGLUT4は、刺激が入ることで細胞膜に移動し、グルコースの入口として機能。刺激が収まることで細胞内に戻る。この刺激を担っているのが「インスリン」というホルモンであり、インスリンが働くことでグルコースが細胞内に取り込まれ、血糖値が一定に保たれる。

「骨格筋と肝臓にある貯蔵用のグルコース＝グリコーゲン」

グルコースが集まった「グリコーゲン」には、筋肉に貯蔵される「筋グリコーゲン」と肝臓に貯蔵される「肝グリコーゲン」がある。筋グリコーゲンは1,500kcal程度、肝グリコーゲンは500kcal程度を貯蔵でき、血中のグルコースを最も多く取り込めるのは筋グリコーゲンとなる。
筋グリコーゲンがエネルギーとして代謝されるのは高強度の運動時だ。「グリコーゲンホスホリラーゼ」という酵素が働くことでグリコーゲンが分解され、「グルコース6リン酸」になることで、解糖系によって筋収縮のエネルギーとして活用される。
肝グリコーゲンもエネルギーになるが、メインの仕事は運動時における血糖値の維持。肝グリコーゲンは、運動などで血糖値が下がると分解され、グルコースとして血中に放出されることで、血糖値を維持している。肝グリコーゲンが少なくなると、この機能を維持できず血糖値が低下し、空腹感や運動時のパフォーマンス低下につながる。

肝グリコーゲン

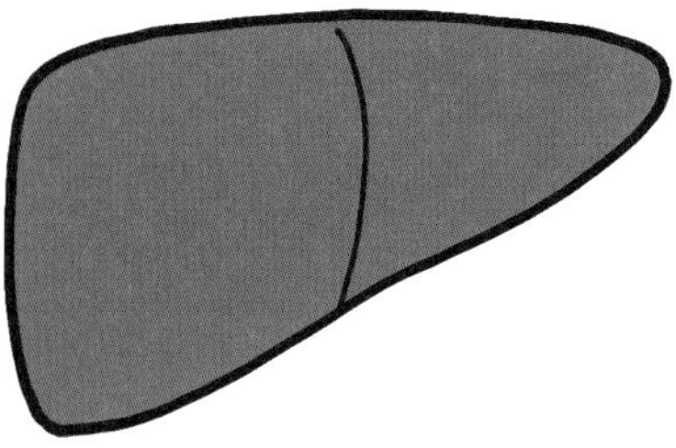

貯蔵量約500kcal

主な目的

血糖値調整
グリコーゲン貯蔵量は80～120g。運動によりグルコースが使用され血糖値が下がると動員される。グルコースとなって血中に放出され、血糖値を維持する。

筋グリコーゲン

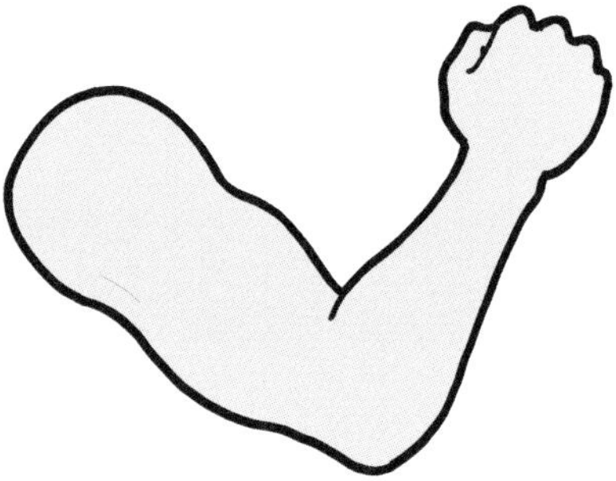

貯蔵量約1,500kcal

主な目的

筋収縮
グリコーゲン貯蔵量は300～500g程度。主に筋収縮のエネルギー源として機能する。血糖値を上げることはできないが、解糖系によるエネルギー供給の代謝産物である乳酸（エネルギー源になる）を血中に放出することが可能。

「グルコースの代謝物"乳酸"は疲労物質ではない」

糖質における運動時のエネルギー源はグルコースとグリコーゲン。ATP産生ルートの１つである解糖系では、まずグルコースとグリコーゲンが「リン酸」の数の変化によって、「グルコース６リン酸」になる。その後の代謝プロセスで「ピルビン酸」が生まれるが、その行き先は２つ。１つ目はミトコンドリアに入り「有酸素性エネルギー供給機構」でさらに活用されるコースで、２つ目は「乳酸」になることだ。

この乳酸は、「乳酸がたまった」という表現に見られるように、疲れを示すケースが多いが、実はそうではない。乳酸は１つの反応だけでピルビン酸に戻り、有酸素性エネルギー供給機構で再利用することができるため、むしろ使い勝手の良いエネルギー源といえる。また、乳酸が増えるということは、高強度の運動で解糖系が利用されている証拠なので、トレーニング的にもプラスに捉えて良いだろう。

運動強度が高いほどグルコースが多く使われる＝乳酸が増える

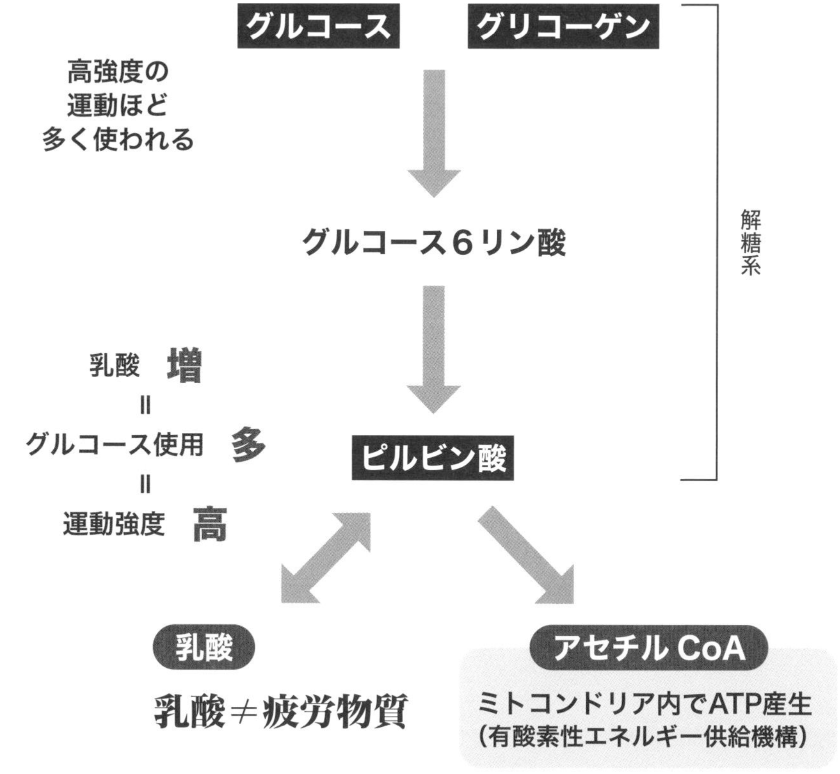

「乳酸は効率的なエネルギー源である」

前頁で乳酸がピルビン酸に戻りエネルギー産生に貢献するしくみを述べたが、再利用の方法はもう１つある。筋細胞から血液中に移動し、他の筋線維でエネルギー源として活用されるルートだ。
筋線維は瞬発型の「速筋線維」と持久型の「遅筋線維」に大別される。速筋線維は、ミトコンドリアの量が少なく、グリコーゲンの貯蔵量が多い。一方の遅筋線維はミトコンドリアが多く、乳酸をピルビン酸として消費しやすいのが特徴だ。つまり、速筋線維の解糖系で大量に生まれた乳酸が血中に放出され、遅筋線維へと運ばれれば、無駄なく再利用されることになる。
また、血液中の乳酸は、脳に運ばれエネルギー源となることも明らかになっている。さらに肝臓では乳酸からグルコースを生成する「糖新生」という機能もある。乳酸は極めて〝サステナブル〟なエネルギー源だといえるだろう。

速筋で余った乳酸を遅筋で再利用

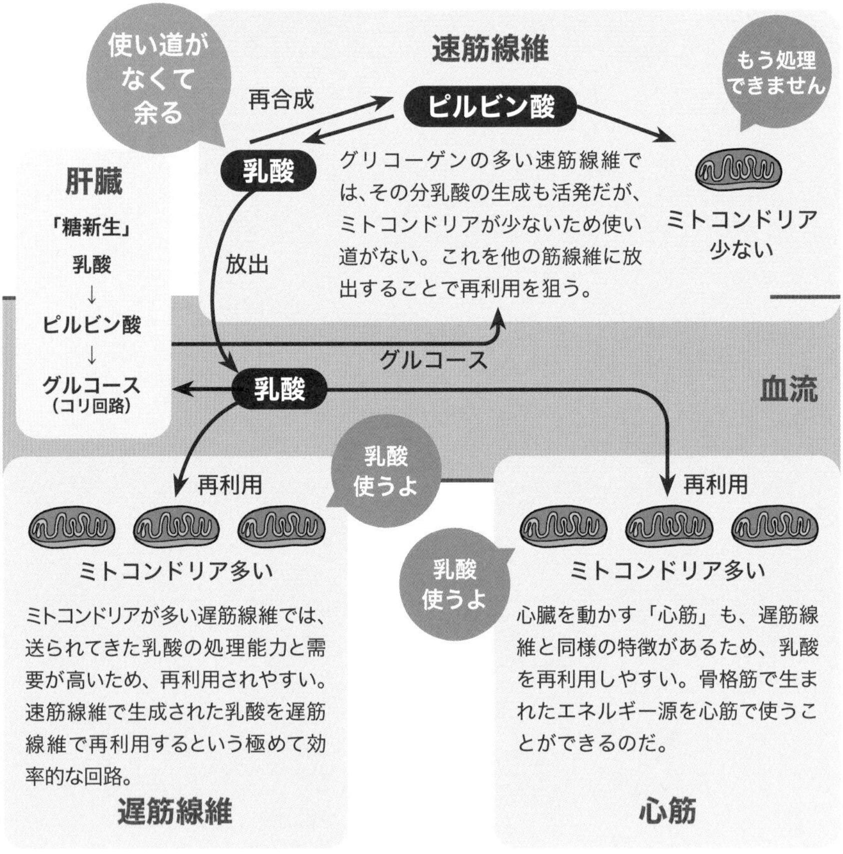
速筋線維
使い道がなくて余る
もう処理できません
再合成
ピルビン酸
乳酸
グリコーゲンの多い速筋線維では、その分乳酸の生成も活発だが、ミトコンドリアが少ないため使い道がない。これを他の筋線維に放出することで再利用を狙う。
ミトコンドリア少ない
放出
肝臓
「糖新生」
乳酸
↓
ピルビン酸
↓
グルコース
（コリ回路）
グルコース
乳酸
血流
乳酸使うよ
再利用
再利用
ミトコンドリア多い
ミトコンドリア多い
乳酸使うよ
ミトコンドリアが多い遅筋線維では、送られてきた乳酸の処理能力と需要が高いため、再利用されやすい。速筋線維で生成された乳酸を遅筋線維で再利用するという極めて効率的な回路。
心臓を動かす「心筋」も、遅筋線維と同様の特徴があるため、乳酸を再利用しやすい。骨格筋で生まれたエネルギー源を心筋で使うことができるのだ。
遅筋線維
心筋

岡田隆のバズーカコラム

グリコーゲンローディングの正解とは？

グリコーゲンローディングとは何か

急速にＡＴＰをつくることができ、高強度のトレーニングにおいて役立つ解糖系ですが、グリコーゲンの貯蔵量に限界があり、長時間運動では枯渇します。筋グリコーゲンの貯蔵量が約１、５００kcalに対し、フルマラソンに必要なエネルギーは２、５００kcal以上にもなります。そこで長距離種目のアスリートは、運動の持続を可能にするため、「グリコーゲン（カーボ）ローディング」という手法を活用しています。

方法は簡単で、**試合の数日前から食事で多くの糖質を摂取すること。実際に筋グリコーゲン濃度が2倍近く高まるといわれ、一定の距離を走り続ける持久系のパフォーマンスを向上させることが[※1]報告されています。**かつては敢えてローディング直前に低糖質の食事と高強度のトレーニングを組み合わせ、枯渇させてから高糖質の食事を摂る方法でしたが、近年は倦怠感をはじめとしたリスクから、用いられることが少なくなりました。最近では試合２日前から高糖質食を摂取する方法などが用いられており、食後24時間で筋グリコーゲンが最大回復する特性があることから、[※2]負担を軽減できると考えられています。

ボディメイクでのカーボアップ

筋肉の張りを出したり、高強度かつ高ボリュームのトレーニングに対応したりするために、ボディメイクの世界でも同じような取り組みがなされています。短期間に多くの糖質を摂取する方法を「カーボアップ」と呼んでいます。

ボディビル競技では、試合の数日前から、筋グリコーゲンを枯渇させるために糖質制限＋高強度高ボリュームトレーニングを行う「カーボディプリート」、その後、大会直前までカーボアップする極端な方法も散見されます。

※１ Hawley JA et al.,1997

※２ Burke LM et al.,2017／Bussau VA et al., 2002

脂質の代謝

体脂肪はエネルギーそのもの。使えば必ず減らせる！

貯蔵型のエネルギー源として重要な脂質。しかしなぜ、長期保存が可能になるのでしょうか。代謝の経路をたどってみましょう。

脂質は、主要成分である「脂肪酸」の結びつき方により、さまざまな種類に分けられますが、食事から摂取される大部分は**「中性脂肪（トリグリセリド）」で、３本の脂肪酸が「グリセロール」に結びついた形**になっています。中性脂肪は、小腸で２本の脂肪酸と「モノグリセリド」に分解。小腸から吸収され、肝臓またはリンパ管を経て血液を循環し、皮下や腹部などの「脂肪細胞」に吸収されて蓄積。「皮下脂肪」や「内臓脂肪」となります。安静や歩行など運動強度が低い状態でエネルギー源として消費され続けますが、「グリコーゲン」が枯渇するなど、エネルギー源が不足した際には強く消費されます。細かく見ると、脂肪細胞内における中性脂肪の分解、血中への放出、筋肉への運搬、有酸素系でのＡＴＰ産生といった長いプロセスで消費されます。**糖質と比べるとエネルギーとして利用されるまでのプロセスが複雑ですが、これこそが即効型でなく、貯蔵型である理由**だといえるでしょう。

体脂肪は膨大なエネルギー貯蔵庫

「脂質は中性脂肪の形で存在するのが主である」

中性脂肪（トリグリセリド）

グリセロールに3つの脂肪酸が結合した状態。

グリセロール
脂肪酸
脂肪酸
脂肪酸

中性脂肪の消化・吸収ルート

小腸

グリセロール
脂肪分解
脂肪酸
脂肪酸
脂肪酸

中性脂肪は小腸で「リパーゼ」という消化酵素により脂肪酸とモノグリセリド（またはグリセロール）に分解。吸収できる状態になる（このような分解は脂肪細胞でも起こっており、「脂肪分解」と呼ばれる）。

↓

粘膜上皮（小腸）

脂肪酸のうち「短鎖脂肪酸」「中鎖脂肪酸」は血液（門脈）へ。「長鎖脂肪酸」とモノグリセリドは再び中性脂肪に合成され、「カイロミクロン」というリポタンパク質に取り込まれ、リンパ管へ取り込まれる。

←

血液（門脈）

吸収された短鎖脂肪酸、中鎖脂肪酸は肝臓に向けて輸送される。

↓

肝臓

脂肪酸は、ケトン体となって全身に運搬されて各組織で消費される。または再び中性脂肪として合成・保存され、必要に応じて脂肪分解されて消費される。

↓

リンパ管

カイロミクロンはリンパ管、胸管を経て血液に合流。

↓

血液から組織へ

脂肪酸、グリセロール、カイロミクロンなどの形で、血液を循環。脂肪組織、筋肉、肝臓などに運ばれ、消費、貯蔵される。貯蔵された中性脂肪は、必要になると再び脂肪分解され血液に放出。筋肉をはじめ、さまざまな組織で消費される。

「脂質は解糖系でも有酸素系でもエネルギーを生む」

貯蔵された中性脂肪（トリグリセリド）は、必要に応じて細胞内で脂肪酸とグリセロールに分解され、血液を巡る。このうちグリセロールは、解糖系で代謝されて ATP を産生することでエネルギー源に。一方の脂肪酸は、ミトコンドリアで「アセチル ＣｏＡ《コエンザイムエー》」に変換され、有酸素系で ATP を産生してくれる。
「アセチル CoA」はエネルギーの貯蔵でも重要な役割を果たしており、ここから脂肪酸や「コレステロール」を合成することができる。エネルギーが余る時は脂肪酸を合成し、そこから中性脂肪ができることで貯蔵されるのだ。解糖系の主な材料は糖質だが、脂質も有効な役割を果たしていることがわかる。

脂質のエネルギー代謝

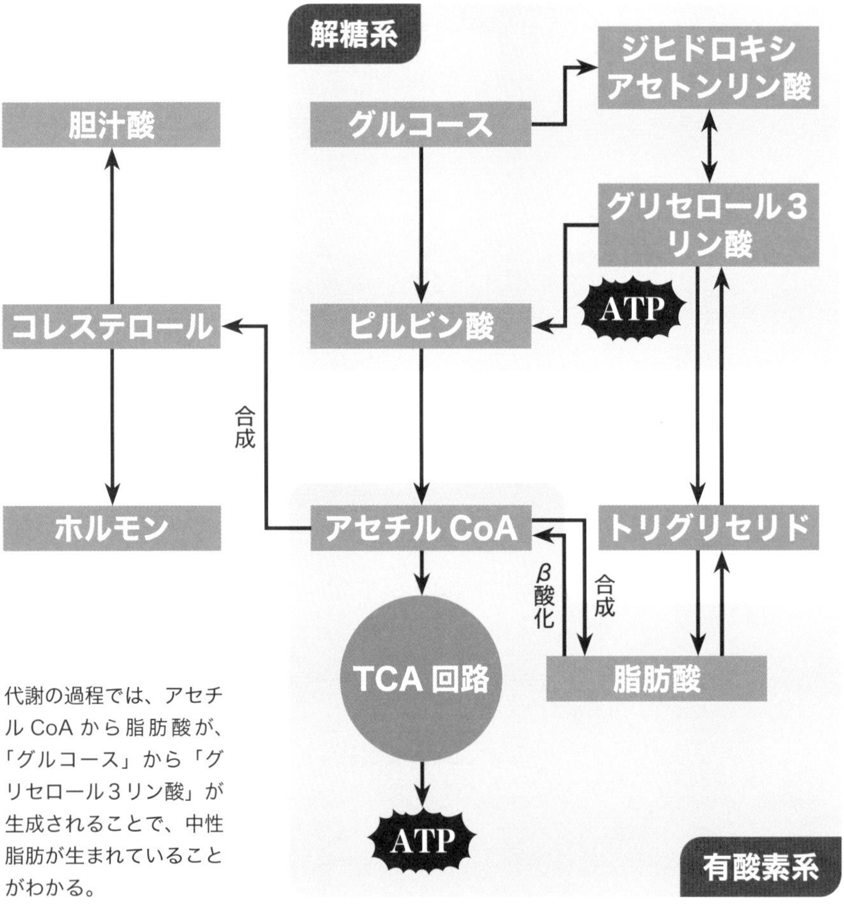

代謝の過程では、アセチル CoA から脂肪酸が、「グルコース」から「グリセロール３リン酸」が生成されることで、中性脂肪が生まれていることがわかる。

「骨格筋やミトコンドリアに取り込む"脂肪酸輸送体"」

血液を流れる脂肪酸は、筋肉（骨格筋）に取り込まれることもある。この際に重要な役割を果たすのが輸送体だ。グルコースの輸送体「GLUT4」と同様、刺激が入ることで細胞膜の入口として機能し、刺激が収まると戻ると考えられ、この刺激は食事や運動がきっかけになるとされている。
有酸素系のエネルギー産生に貢献するためには、筋肉の中でもさらにミトコンドリアに取り込まれなければならない。ここでも輸送体が働いており、ミトコンドリアに入る際はアミノ酸の１つである「カルニチン」と結合する必要がある。こうして脂質は、筋収縮のエネルギー源となるのだ。

骨格筋への取り込み

血中に放出された脂肪酸は、「アルブミン」という血漿タンパク質と結びつくことで、目的地まで運ばれる。到着した脂肪酸は、輸送体によって骨格筋に取り込まれるが、詳細のメカニズムは明らかになっていない。現段階で輸送体は、「FAT／CD36」と「FABPpm」だと考えられている。筋肉は過不足なく脂肪酸を取り込む必要があるので、脂肪の需要が高まる運動時などに輸送体が機能すると考えられる。

ミトコンドリアへの取り込み

骨格筋に取り込まれた脂肪酸は、輸送を担うタンパク質「CPT1（カルニチンパルミトイルトランスフェラーゼ１型）」「CPT2（カルニチンパルミトイルトランスフェラーゼ２型）」によってミトコンドリア内に取り込まれる。入る際はCPT1によりカルニチンと結合し、入った後はCPT2によりカルニチンが外れ、ミトコンドリア内に。そして「アセチル CoA」に変わることで、エネルギーを産生する。

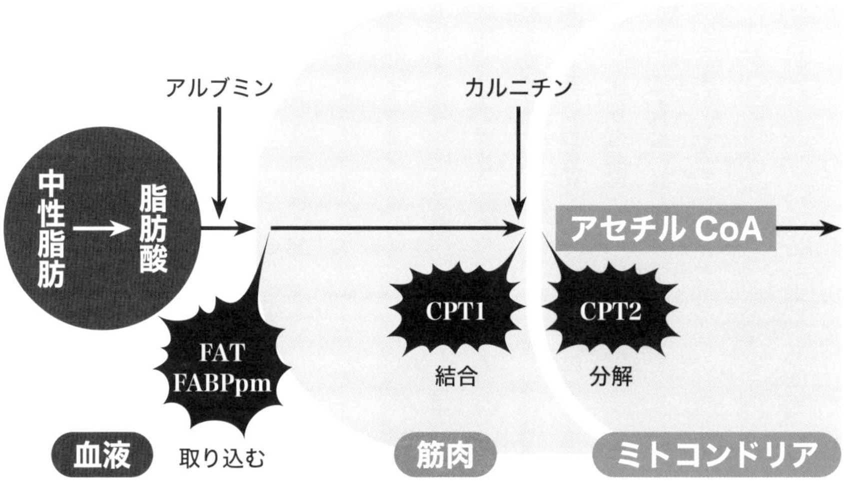

岡田隆のバズーカコラム

20分以上運動しなくても脂肪は利用される

脂肪燃焼は運動開始後から始まる

　筋トレやランニングで、運動開始後20分してから脂肪が燃焼されると言われますが、なぜでしょうか。まず開始直後は糖質が使われるとも言われますが、それは食事から摂取したエネルギーの中で、糖質の代謝が早いという話であり、実際には**糖質も脂質も同時に使われている**のです。

　体内に蓄積された中性脂肪は、多くのプロセスを経て、エネルギーの生産工場であるミトコンドリアに到着します。この代謝は開始20分程度で、前述した糖質の消費を上回ります（歩行の場合）。運動によりスイッチが入り、血中脂肪酸濃度が上昇することで、エネルギー源として消費が促進されるわけです。

　しかし実際のところ、私たちの体内では脂肪分解は常に（安静時でも）生じているため、いつでも脂肪酸は血中に存在することから、運動開始からの20分間も、すでに血中にある脂肪酸を使用できます。つまり、**歩行開始直後から脂質は使用されており、20分が経つと糖質より消費量が高まる**という解釈が正しいでしょう。

筋肥大と除脂肪の両立は可能？

　一方、すでに体内にある脂肪を減らすためには、ある程度の時間が必要になるのは事実でしょう。脂肪細胞に蓄積された中性脂肪は、運動のスイッチが入ると、グリセロールと脂肪酸に「分解」され、血液を通じて筋肉に「運搬」されるため、そこで時間差が生じます。例えば、**筋トレの後に有酸素運動をする方法がありますが、筋トレによってすでに脂肪の分解と筋肉への運搬のプロセスを終わらせた後で、持久系の運動による筋肉での「消費（燃焼）」に入るため、有効**だと考えられます。ただし筋トレ後の血流や内分泌の変化や、栄養摂取までの時間が長くなってしまうことなどから、筋肥大効果が下がるデメリットもあります。

岡田隆のバズーカコラム

糖質の利用が除脂肪につながる

糖質も脂質も、使わなければ体脂肪に

運動時においてほとんどの場合、糖質と脂質はともにエネルギーとして消費されます。減量をする際には体脂肪を減らさなければならないため、糖質の消費は無駄のように感じる人もいるかもしれません。しかし、ここまで解説したメカニズムを振り返ると、そうではないことをわかっていただけるのではないでしょうか。

体脂肪というのは、中性脂肪が入り込んだ脂肪細胞です。この中性脂肪は、もちろん余剰な脂質から発生しますが、糖質も余ってしまえば中性脂肪になることを紹介しました。

つまり、**食事から摂取した糖質も、使わなければ脂肪になるわけで、どちらが消費されるかということだけが重要ではない**のです。

そもそも体脂肪は、消費エネルギーと摂取エネルギーの差から生まれます。除脂肪をするためには前者が後者を上回っている状態をつくるしかありません。食事からの糖質摂取量が多い人は、むしろ糖質のほうが余る傾向があります。グリコーゲンの貯蔵量にも限界があるため、余った糖質が脂肪になるのであれば、むしろ積極的に糖質を燃焼すべきだと考えたほうが良いでしょう。

糖質を食べ、筋トレで爆発させる

では、糖質を消費し、除脂肪を実現するためにはどうすればいいか。効果的なのは、糖質を食べた分、筋トレで消費することです。筋トレのような高強度の運動は糖質代謝を必要とするため、筋肥大を目指すには糖質が必要になります。そして**減量期、除脂肪を加速したい場合も、摂取した糖質を筋トレで使って余らせないというサイクルをキープすればいい**のです。糖質が余らなければ体脂肪として蓄積された脂質を使うしかありません。すると高い基礎代謝量のまま、効率よく除脂肪を達成できるはずです。

筋肉も骨も、免疫ですら全部タンパク質でできている！

私たちの体内には、10万種類のタンパク質が存在するともいわれています。筋肉や骨、髪、皮膚、臓器、酵素、ホルモン、免疫細胞など、**体内にあるさまざまな組織や物質は、タンパク質を素材としている**のです。タンパク質の消化・吸収、そして代謝プロセスは、〝タンパク質→ペプチド※→アミノ酸→ペプチド→タンパク質〟とイメージするとわかりやすいです。アミノ酸はタンパク質を構成する最小単位の成分。食事から摂取したタンパク質は、胃と小腸で一度ペプチドやアミノ酸に分解され、吸収されます。そして血液を通じて全身に行き渡り、再び筋肉などのタンパク質として合成されるわけです。

筋肉の細胞「筋線維」を構成するタンパク質は、**「収縮タンパク質」「調節タンパク質」「構造タンパク質」**に分類できます。トレーニングを行うと、筋線維が太くなり、筋肉が肥大しますが、これはこれらのタンパク質が増えることで起こる現象。特に筋線維内部の筋原線維は、主に収縮タンパク質からなり、これが増えることで、筋力も筋のサイズも増大します。そのため筋力トレーニングにおいては挙上重量が重要なのです。この筋タンパク質は常に合成・分解され、合成が分解を上回ることで筋肉が増大します。

タンパク質の代謝

※ペプチド：アミノ酸が2〜49個結合したもの。50個以上はタンパク質という。

タンパク質はボディメイクの主役！

「アミノ酸は肝臓から全身に送られる」

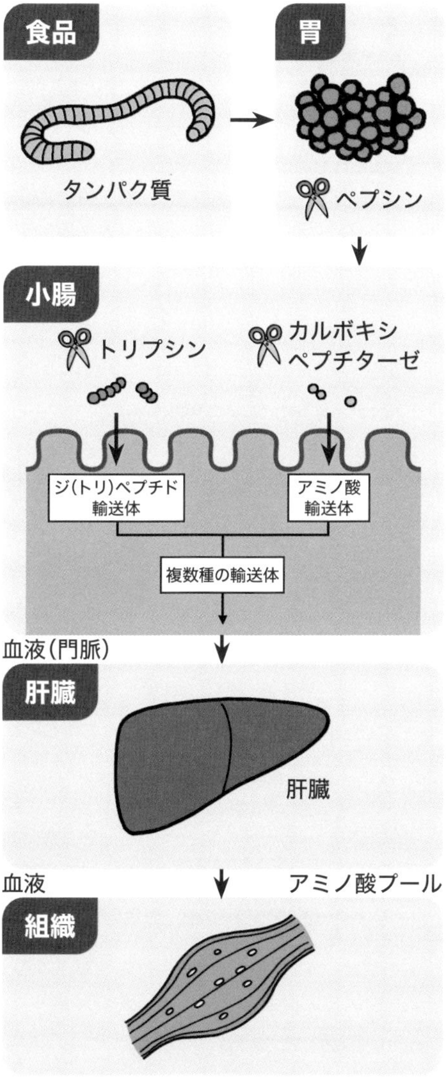

食物中のタンパク質は、胃で初期消化が行われる。消化酵素「ペプシン」によりタンパク質の構造が壊れ、11個以上のアミノ酸がつながった「ポリペプチド」に変化する（アミノ酸が50個以上結合したのがタンパク質、50個未満のものはペプチドと呼ばれる）。

ポリペプチドは膵液や小腸粘膜で、「トリプシン」「カルボキシペプチターゼ」などの消化酵素により、「オリゴペプチド」「トリペプチド」「ジペプチド」や単体のアミノ酸に分解される。

小腸粘膜上皮細胞を通過。粘膜を通過できるのは、単体のアミノ酸、アミノ酸が2つのジペプチド、アミノ酸が3つのトリペプチドで、ペプチドは「微絨毛」の細胞質の中でアミノ酸になる。

門脈を経て肝臓に運ばれたアミノ酸は、体内で必要なタンパク質につくり替えられる。この際、約2,000種の酵素が瞬時に働いているとされる。一部は「遊離アミノ酸」として体内に蓄えられるが、これを「アミノ酸プール」という。

遊離アミノ酸は各組織のタンパク質合成に使用される。合成に必要とされない場合や必要以上のアミノ酸が摂取された場合、糖質が不足した場合などは、エネルギー源として消費される。

「筋線維は３つのタンパク質で構成される」

1 収縮タンパク質

筋収縮で力を発揮する「収縮タンパク質」には、「ミオシン」と「アクチン」の２種類がある。筋原線維を構成するタンパク質の60％を占めるのがミオシン。細長いミオシン分子が束になることで、１本の太い「ミオシンフィラメント」を形成している。アクチンも細い線維状のタンパク質で、「トロポニン」「トロポミオシン」とともに「アクチンフィラメント」を構成している。この２つのフィラメントが、ATPをエネルギーとして利用し、筋収縮を起こしている。

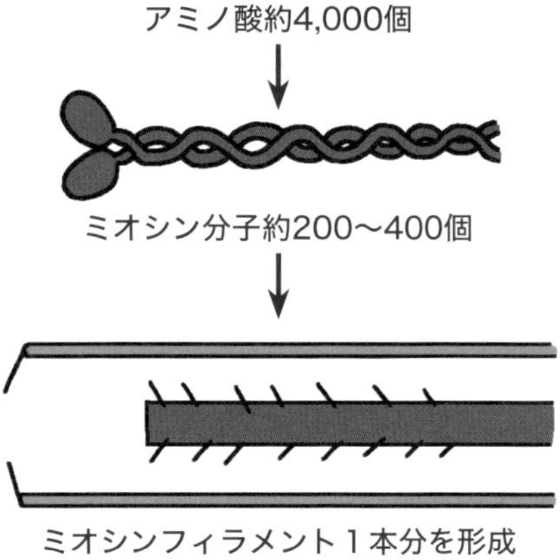

2 調節タンパク質

筋収縮の調節役となっているのが「調節タンパク質」。「トロポニン」と「トロポミオシン」の２種類がある。筋収縮においては「カルシウムイオン」が必要だが、その調節に担っているのがトロポニン。２本のアクチンの間に並んでおり、カルシウムイオンと結合することで、ミオシンとアクチンをつなげてくれる。トロポミオシンはアクチンフィラメントの溝に沿って走っており、フィラメントの構造を安定させている。

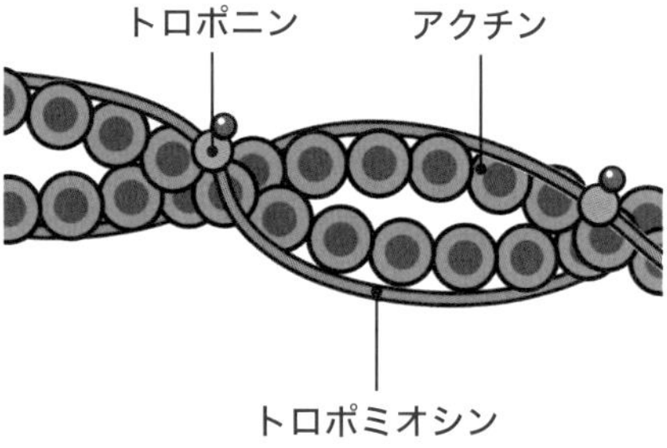

3 構造タンパク質

筋肉には約10種類の構造タンパク質があり、筋原線維の位置や形状、弾力性、伸展性を維持している。中でも重要なのは「タイチン／コネクチン」で、25,000個以上のアミノ酸から構成され、通常のタンパク質の50倍もの大きさがある。骨格筋における量はアクチン、ミオシンの次に多く、第３の収縮タンパク質ともされる。この巨大なタイチンが、ミオシンフィラメントの位置を安定させている。

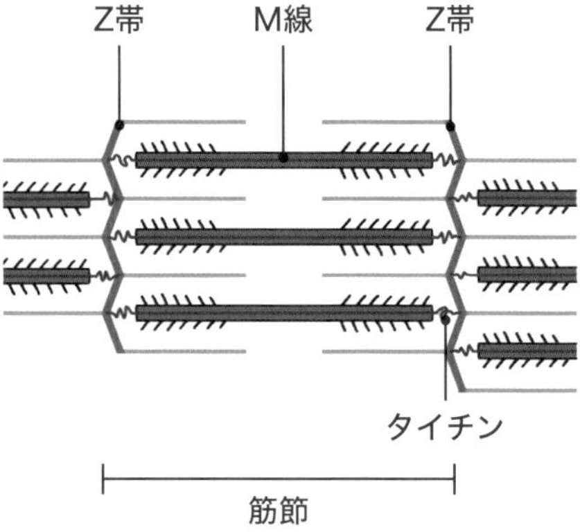

「筋トレとは骨格筋の遺伝子が働き出す〝スイッチ〟である」

筋肥大は、1本1本の筋線維が太くなることで生じるが、それは筋原線維の主役である「収縮タンパク質」のアクチンやミオシン、そして、「調節タンパク質」「構造タンパク質」が増加することを意味する。これらの合成には、それを促す〝刺激〟が必要だ。
細胞の中には、多くのタンパク質分子が存在する。ここに環境変化が起こると、細胞は生存のためにタンパク質を合成する。その際には細胞核にある「DNA（デオキシリボ核酸）」の遺伝情報を、「mRNA（メッセンジャーRNA）」という形でコピーし、その情報をもとにアミノ酸を結合していき、必要なタンパク質をつくっている。DNAという設計図をもとに、アミノ酸という建材から、アクチンやミオシンなどの家を建てているわけだ。
ここでは最初の環境変化が重要となるのだが、筋肉においてその代表格が、激しい運動。トレーニングは、激しい運動に対応するべく遺伝子に〝働きなさい〟とスイッチを入れることなのだ。

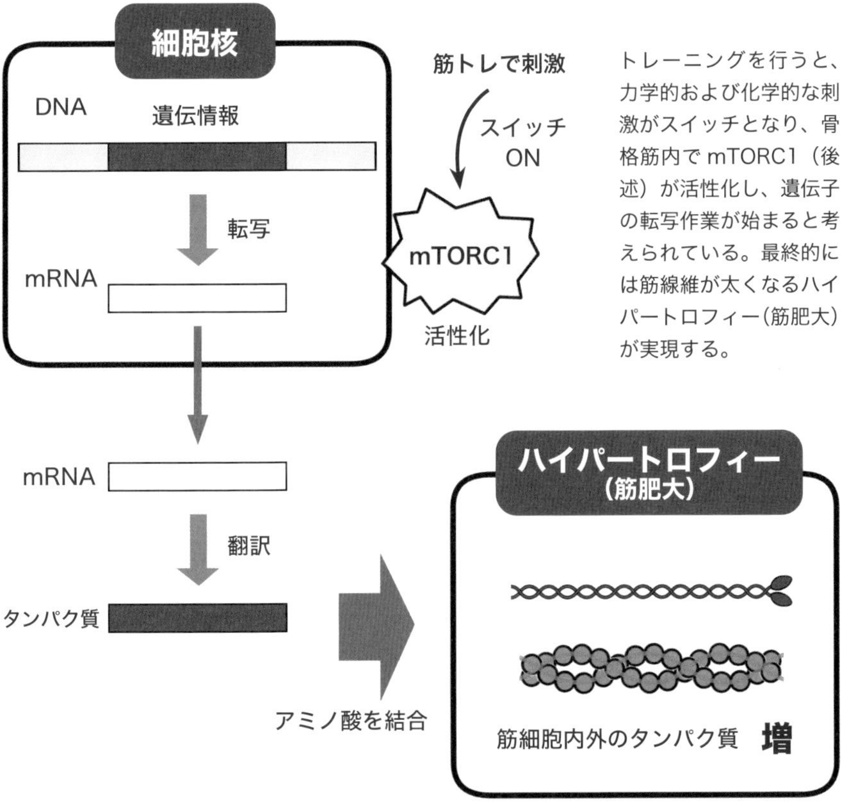

トレーニングを行うと、力学的および化学的な刺激がスイッチとなり、骨格筋内でmTORC1（後述）が活性化し、遺伝子の転写作業が始まると考えられている。最終的には筋線維が太くなるハイパートロフィー（筋肥大）が実現する。

「タンパク質の摂取が筋肥大を促進する理由」

トレーニングと同時に、食事からタンパク質を摂取することで筋肥大は加速する。ここで主役となるのは、「ロイシン」というアミノ酸だ。
食後の1～2時間で筋タンパク質の合成速度は増加する。安静時と比べると約2倍ともいわれるが、これは消化・吸収されたアミノ酸が血中に取り込まれ、「血中アミノ酸濃度」が上昇し、筋細胞内に入り込む遊離アミノ酸が増えることが理由。このうち、ロイシンは筋タンパク質合成を制御する酵素（タンパク質複合体）である「mTOR（エムトール）C1」を活性化させ、筋タンパク質の合成速度を高めてくれるのだ※1。

血中ロイシン濃度と筋タンパク質の合成速度

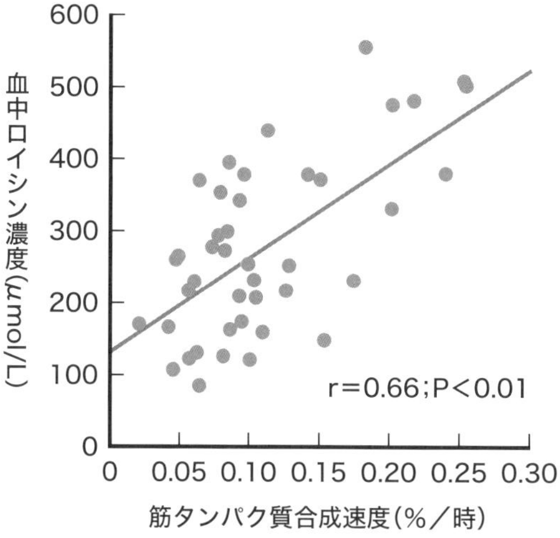

Pennings B et al.,2011

血中ロイシン濃度と比例し、筋タンパク質の合成速度は高まっていく。1度の食事で筋タンパク質の合成速度が最大化するのは、体重あたり約0.24gのタンパク質だとする研究がある。また、下の図は筋肥大を生じさせる細胞内の情報伝達経路の1つ。インスリン様成長因子IGF-1によって、P13-K→Akt→mTORC1という経路が活性化され、筋タンパク質の合成が促進される。ロイシンはmTORC1を活性化させ、合成速度を高める。その他、mTORC1は筋収縮やホルモンによっても活性化される。

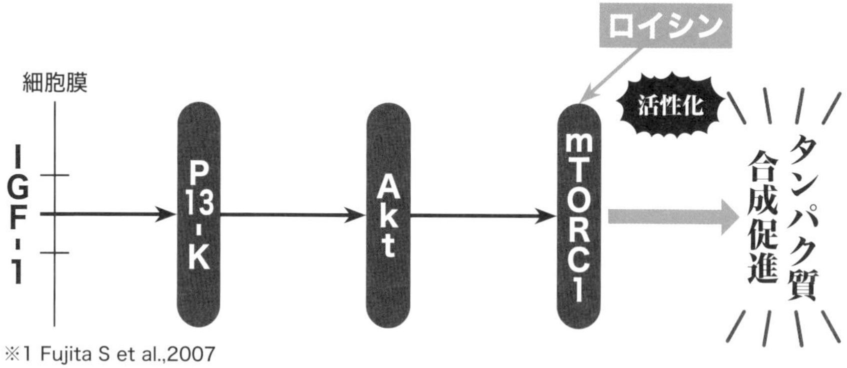

※1 Fujita S et al.,2007

岡田隆のバズーカコラム

筋合成に効くのはオールアウト一択

トレーニングの適切な頻度

筋肉に力学的な負荷が加わると「ｍＴＯＲＣ１」が活性化され、運動後1〜2時間に筋タンパク質の合成速度が増加。この増加傾向は、24〜48時間持続するとされています。※1

このことを前提に、栄養摂取のタイミングを考えてみましょう。

まず運動前にタンパク質を十分に摂取して血中アミノ酸濃度を高め、筋トレにより筋タンパク質合成のスイッチを入れる。そして、長時間の場合は運動中もアミノ酸濃度が低くならないよう、ワークアウトドリンクなどで維持。運動後もなるべく早く食事を摂取することで、1回の筋肥大効果を最大化できます。そして、約2日（48時間）が経過した段階で、再び同じ部位を鍛える。その繰り返しをすることで、理論上は常に筋肥大が最大に起こります。**1つの重点的強化部位を週2回トレーニングし、日々十分なタンパク質を摂取する**ことが、この状況に近いといえるでしょう（ビルダーのような激しいトレーニングの場合、回復が追いつかず現実的ではない）。

限界まで追い込むことが大事

トレーニングには「高強度低レップ」や「低強度高レップ」など、さまざまなバリエーションがありますが、最近の研究では、1つのトレーニングにおける〝総重量〟が重要視されています。例えば**40kgを10回挙げる（総重量＝400kg）のと、80kgを5回挙げる（総重量＝400kg）のとでは、合成速度に大きく差が出ない**というわけです。重要なのは疲労困憊まで追い込むことだとされていますが、筋肥大効果を高めるのは、細胞に環境変化を与えることも必要です。つまり、複合的に考えると、**「オールアウトすること（限界による刺激）」「多種目を行うこと（異なる刺激）」「週2回以上行うこと（頻度の刺激）」**が、筋肥大効果を高めるといえます。

※1 Phillips SM et al.,1997

ビタミンはエネルギーの着火剤！

エネルギー産生で活躍する糖質と脂質、筋肉そのものの素材となるタンパク質があれば、一見、筋肥大が可能であるように見えます。しかし実はそうではありません。エネルギー代謝では、ビタミンが深く関わっているからです。

ここで主役になるのは「ビタミンＢ群」。ＡＴＰの生成経路のうち解糖系では、「ナイアシン」がグルコースや乳酸の代謝に、「ビタミンＢ１」「ビタミンＢ２」はピルビン酸の代謝で必要な物質です。また有酸素系では「ビタミンＢ６」がアミノ酸の代謝に、ビタミンＢ２や「ビオチン」は脂肪酸の代謝に関わっており、クエン酸回路でもナイアシンや「パントテン酸」などが必要です。こうしたことから**ビタミンＢ群は、トレーニング時に欠かせない栄養素〝エネルギーの着火剤〟**と呼んでも過言ではないでしょう。ビタミンＢ群は他に、神経系の情報伝達、脳の機能維持、血液における栄養素の運搬などにも関与しています。さらに、それ以外のビタミンも、疲労の軽減、免疫力の向上、健全な骨の維持などで、トレーニングやその回復に役立っています。ビタミンをバランス良く摂取することは、ボディメイクをする上での基盤なのです。

エネルギー代謝にビタミンは不可欠

「ATPの合成ルートにビタミンB群が深く関わっている」

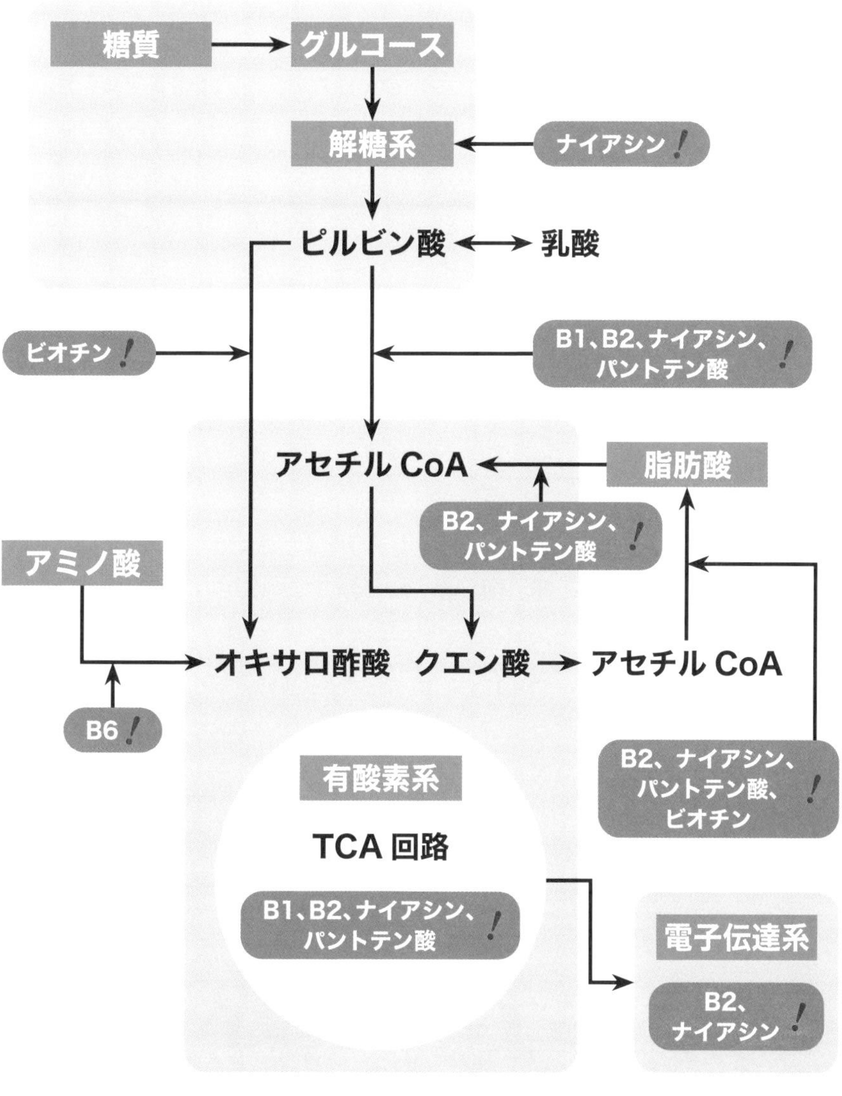

ミネラルの働き

ミネラルのバランスが筋肉の収縮に影響する！

栄養素の中で忘れられがちであるものの、生きる上で欠かせないのがミネラルです。その役割は大きく分けて2つ。**「組織の構成」**と**「機能の維持」**です。

体内にある組織には、ミネラルが構成要素となっているものがあります。骨や歯は「カルシウム」「マグネシウム」、細胞膜の構成要素となるリン脂質は「リン」、ヘモグロビンは「鉄」が材料になっており、酵素もさまざまなミネラルを必要とします。

一方、体内の機能を調節してくれるのは、**体内の水分を適切に保つ「カリウム」と「ナトリウム」**、**神経系をコントロールする「カルシウム」や「マグネシウム」**などです。

そして、筋肉の働きにもミネラルは関与しています。細胞の内部は基本的にカリウムが多く、外部はナトリウムが多いという特徴があります。ここに刺激が入り興奮すると、細胞外のナトリウムが流入し、カリウムが流出。この時、細胞には「活動電位」という変化が生じ、細胞内を興奮が伝導します。さらにマグネシウムの働きにより、カリウムは細胞内に戻っていきます。このように細かな現象が、筋肉の収縮に影響を与えているのです。

ミネラルは生体をつくり、調節する

「筋肉の収縮や神経伝達に深く関わる」

人体におけるミネラルの主な役割

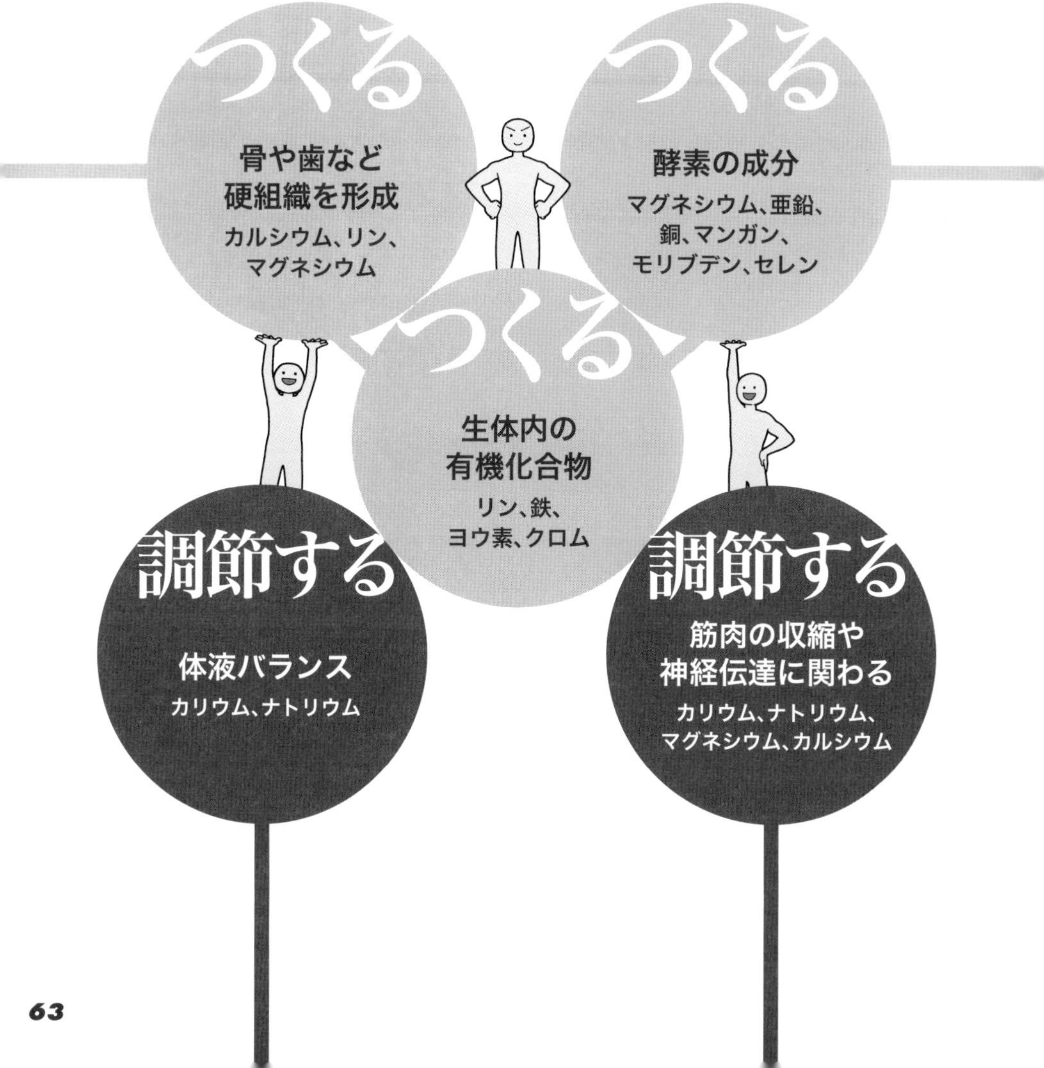

バズーカ岡田の休養コラム②

オフの日の理想の過ごし方とは？

筋肉の成長の鍵は「継続」です。継続的にトレーニングをするためには、定期的にオフの日を設けて、疲弊した組織の回復を図らなければなりません。闇雲にトレーニングを連続させるよりも、ポジティブにオフを取り入れたほうが、長期的に見た時の筋肥大効果が高まります。

オフの日は筋トレで疲弊した心身を休めることが目的なので、ジムに行かない、筋トレをしないことが基本となります。何もしない「完全オフ」も意味がありますが、**「少し別の角度から身体を動かしてみるオフの日」を取り入れてみることも有効な方法**だと感じています。

私はとある大会に向けた減量期、日体大の学生と週に1回程度、登山した時期があります。基本的には有酸素運動による減量と同じ考えで、除脂肪を目的としていました。理論上はトレッドミルの急傾斜と同じ消費カロリーにもできるわけですが、明らかに登山のほうが心身への効果は大きいです。景色が変わらず、一人で行わなければならないトレッドミルは苦行そのもの。一方で登山は空気がきれいで、仲間とともに話しながら登ることで絆を深め、頂上にたどり着く達成感もあります。**精神的にポジティブな状態で、日頃の筋トレのダメージを回復しながら除脂肪が行える**ため、ストレスによるコルチゾール分泌（筋肉を減らしてしまう）も少ないでしょう。筋肉量を落とさずに脂肪を減らすことができるかもしれません。

疲労時に敢えて軽く身体を動かすことで回復を図る「アクティブレスト」。私の登山では、アクティブレストと同じ効果が得られたのかもしれません。**登山に限らず、筋トレ以外の運動をオフの日に取り入れることは、筋肉はいつもと異なる動きをすることになり、新しい筋肉の使い方を神経系が学習する**ことになります。これはその後の筋トレに有効でしょう。また心肺をよく使う運動であれば、筋トレのレップ数向上などにもつながるでしょう。ハイレップスで行う脚トレなどでの効果は甚大でしょう。筋トレの休息をしっかり取りながら、運動能力を総合的に高められるわけです。どのようなアクティビティを選ぶかは、あなた次第です。心から楽しいと感じるものを選ぶと良いのではないでしょうか。

第3章

役割をイメージせよ！ボディメイクの細かすぎる栄養事典

細かすぎるほどに栄養素を使いこなせ！

いよいよここからは、各栄養素を細かく紹介していきます。5大栄養素である**炭水化物、脂質、タンパク質、ビタミン、ミネラルの各成分に加え、ここに含まれない「機能性成分」も網羅**。ボディメイクに関する情報についても解説していきます。

栄養に関する研究は、世界中の大学や企業で行われています。優れた研究者たちの努力により、日々最新の論文が報告され、近年はインターネットの力によって誰もが閲覧できるようになりました。

しかしここで重要になるのが、必ずしもすべてに、確かなエビデンスが存在するわけではないこと。実験というのは方法や対象者、期間など、多くの要素に左右されるため、1つの結果だけでは絶対的な論拠にならないためです。また、世間では当たり前とされている効能にも、科学の世界では賛否両論が存在することもあります。

そこで今回の栄養事典は、**数多くの論文を参照しながら、事実に偏りがないよう作成しました**。現段階でのファクトをチェックし、正しい知識を獲得することで、無駄のないボディメイクを実現してください。

ボディメイク視点の5大栄養素＋α

細かすぎる栄養事典のトリセツ

栄養素の分類

サブ分類

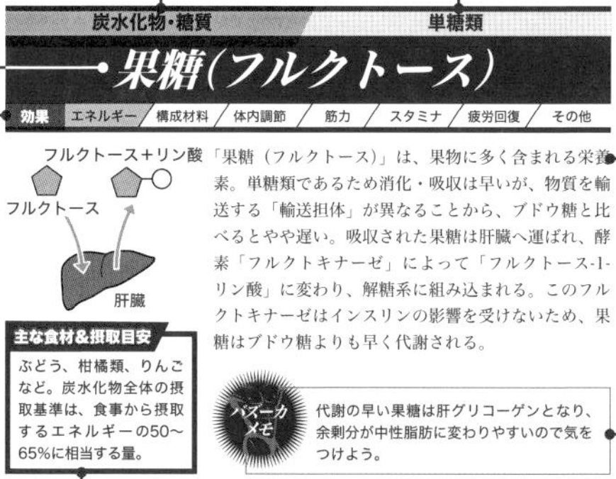

栄養素の名称

栄養素のボディメイクにおける効果

ひと目で必要な栄養素を見つけ出せるように、各栄養素におけるボディメイクに役立つ効果を「エネルギー」「構成材料」「体内調節」「筋力」「スタミナ」「疲労回復」「その他」に分類。

基本解説

各栄養素の基本的な定義、構造、機能、特徴などを解説。

バズーカメモ

食事や効能、トレーニングに関するポイントについて、バズーカ岡田目線で解説。

主な食材＆摂取目安

各栄養素を効率的に摂取できる食材、厚生労働省の「日本人の食事摂取基準（2020年版）」や国際機関の情報をベースにした摂取目安を紹介。

炭水化物のボディメイク的メリット&デメリット

炭水化物は、脂質、タンパク質と並ぶ、エネルギー産生の重要な栄養素。1gあたり約4kcalを得られます。炭素、水素、酸素から構成されるため、タンパク質のように代謝時に毒素が発生せず、消化器に優しいことが特徴です。

炭水化物は**「糖質」**と**「食物繊維」**に分けられ、糖質は消化・吸収によって体内に取り込まれる一方、食物繊維は人間の消化酵素では分解されない性質を持ちます。つまり、**トレーニングのエネルギー源となるのは糖質**です。糖質は直接、血糖として身体や脳に行き渡るため、スピーディーにエネルギー補給ができることが、大きなメリット。

糖質は主に、最小単位である「単糖」のつながり方によって、**「単糖類」「二糖類」「多糖類」に分類**されます。単糖類は消化吸収が最も早いため、特に即効型のエネルギーといえます。

一方の食物繊維も、ボディメイクには欠かせません。効果を発揮するのは主に腸内で、食後における血糖値上昇の抑制、腸内環境の改善など、体調のコントロールに貢献。日本人は食物繊維が不足しがちなので、積極的に摂取しましょう。

炭水化物

糖質は即効型のエネルギー

炭水化物＝糖質＋食物繊維

炭水化物とは、即効型のエネルギー源である糖質と、腸内環境の調整に役立つ食物繊維が含まれる栄養素。

糖質のボディメイク的なメリットって？

▶ 糖質の種類と使い方

糖質	糖類	単糖類	グルコース（ブドウ糖）
			フルクトース（果糖）
			ガラクトース
		二糖類	スクロース（ショ糖）
			マルトース（麦芽糖）
			ラクトース（乳糖）
		多糖類	デンプン
			デキストリン

	主な使い方
単糖類・二糖類	嗜好品としてのみ。
二糖類・多糖類	低血糖予防、ワークアウトドリンクとして。
食物繊維を多く含む炭水化物	食事として積極的に選択、持続的にエネルギー供給。

メリット

消化・吸収がとにかく早い
1gあたり約4kcalのエネルギーを即座に吸収できる糖質は、トレーニング前に摂取することで、筋収縮の動力源となってくれる。余った分は中性脂肪として長期保存型のエネルギー源としても活用が可能。

デメリット

過剰摂取で脂肪が増える
食べすぎると太るだけでなく、血糖値の急変動、ミネラルの排出、ビタミンの浪費を引き起こしてしまう。過剰摂取が長期化すると消化器の不調にもつながってしまうため、分量や種類を見極めよう。

食物繊維を含めて6大栄養素！

見落とされがちな食物繊維だが、5大栄養素につぐ〝第6の栄養素〟ともいわれるほど重要だ。小腸における栄養素の吸収速度を緩やかにし、血糖値の急上昇を抑えることに加え、コレステロール値を下げる、肥満を予防するなど、多くの効果を期待できる。

炭水化物・糖質　単糖類

ブドウ糖（グルコース）

効果　エネルギー／構成材料／体内調節／筋力／スタミナ／疲労回復／その他

単糖類の中で、自然界に最も多く存在するのが「ブドウ糖（グルコース）」。果物のぶどうから発見されたことから命名された。他の単糖類と結びつくことで「ショ糖」「乳糖」「デンプン」などを構成する、〝糖質の主役〟のような存在だ。
摂取された糖質の多くは、最終的にはブドウ糖に分解され、エネルギー源として利用される。また、脳がエネルギーとして利用できる物質であることからも、欠かせない栄養素だといえる。

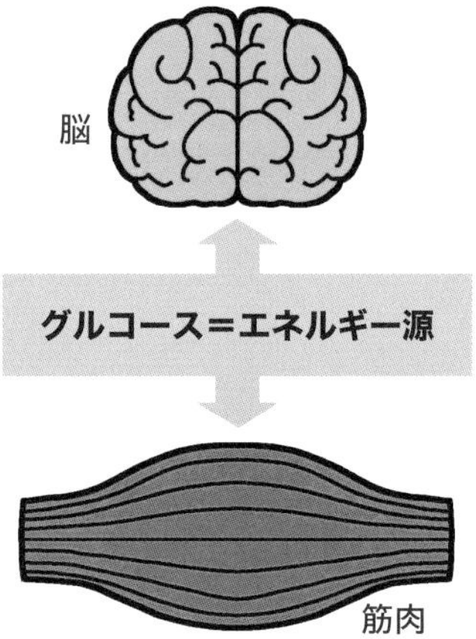

余ったブドウ糖は脂肪細胞で貯蔵される

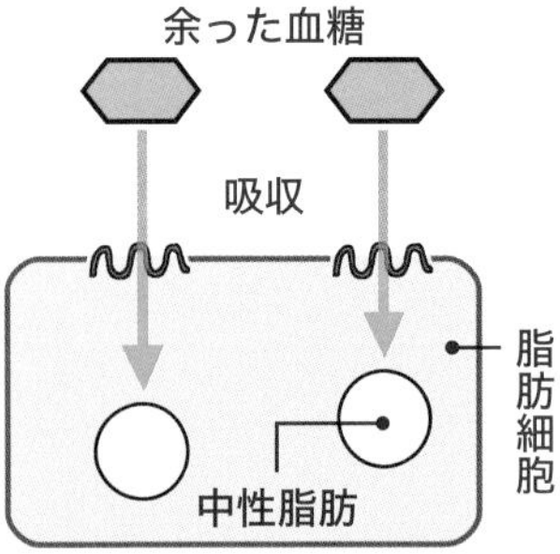

血液中でブドウ糖は「血糖」として存在し、インスリンの働きで濃度がコントロールされている。血中のブドウ糖濃度が上がるとインスリンにより中性脂肪に変わり、脂肪細胞に蓄えられてしまうため、過剰摂取に要注意だ。

主な食材＆摂取目安

果物、穀類、デンプン類など炭水化物全体の一般的な摂取基準は、食事から摂取するエネルギーの50〜65%に相当する量。

バズーカメモ

糖質は、タンパク質や脂質よりも早く分解・吸収されることが特徴。激しい運動で消耗した際に糖質を過剰に摂取すると、インスリンの大量分泌で血糖値が低くなりすぎる「インスリンショック」が生じるが、適量を適切に摂取し素早くエネルギーを補給することで、血糖値も上げることができる。

炭水化物・糖質　単糖類

果糖（フルクトース）

効果　エネルギー／構成材料／体内調節／筋力／スタミナ／疲労回復／その他

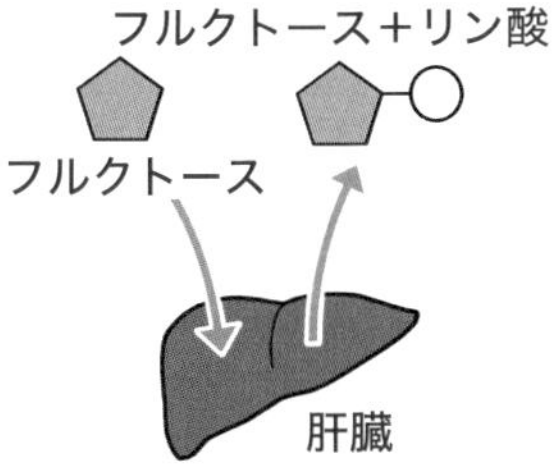

「果糖（フルクトース）」は、果物に多く含まれる栄養素。単糖類であるため消化・吸収は早いが、物質を輸送する「輸送担体」が異なることから、ブドウ糖と比べるとやや遅い。吸収された果糖は肝臓へ運ばれ、酵素「フルクトキナーゼ」によって「フルクトース-1-リン酸」に変わり、解糖系に組み込まれる。このフルクトキナーゼはインスリンの影響を受けないため、果糖はブドウ糖よりも早く代謝される。

主な食材&摂取目安

ぶどう、柑橘類、りんごなど。炭水化物全体の摂取基準は、食事から摂取するエネルギーの50〜65%に相当する量。

バズーカメモ

代謝の早い果糖は肝グリコーゲンとなり、余剰分が中性脂肪に変わりやすいので気をつけよう。

炭水化物・糖質　単糖類

ガラクトース

効果　エネルギー／構成材料／体内調節／筋力／スタミナ／疲労回復／その他

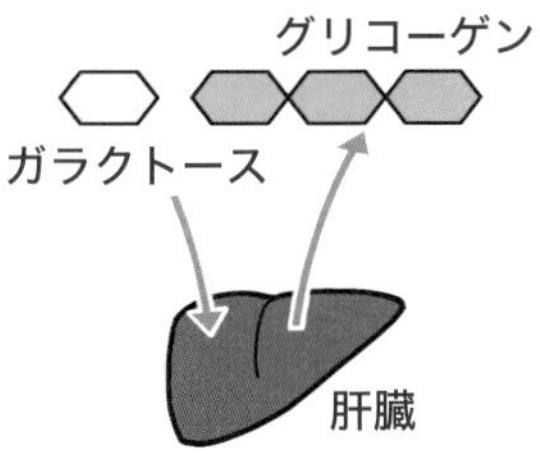

単糖類の1つ「ガラクトース」は、乳製品から摂取できる栄養素。自然界にある食材では単独で摂取できないことが特徴で、「ガラクトースを摂る＝乳製品を摂る」と理解していい。
ガラクトースとブドウ糖が結合してできる二糖類の「乳糖」は、摂取されると小腸で酵素「ラクターゼ」により分解され、肝臓に流入する。肝臓で代謝された後はグリコーゲンに変わり、エネルギー源として機能する。

主な食材&摂取目安

ヨーグルト、チーズなど乳製品。炭水化物全体の摂取基準は、食事から摂取するエネルギーの50〜65%に相当する量。

バズーカメモ

ガラクトースは乳製品に含まれる乳糖から摂取するため、乳糖不耐症の人は下痢を引き起こしてしまうことがある。

炭水化物・糖質　二糖類

マルトース（麦芽糖）、スクロース（ショ糖）、ラクトース（乳糖）

効果　エネルギー／構成材料／体内調節／筋力／スタミナ／疲労回復／その他

「二糖類」とは、２つの単糖類が結合した糖質のこと。主なものとして、「マルトース（麦芽糖）」「スクロース（ショ糖）」「ラクトース（乳糖）」がある。摂取されると、それぞれ「マルターゼ」「スクラーゼ」「ラクターゼ」という酵素によって分解されるが、いずれの酵素も小腸の微絨毛に存在し、「膜酵素」と呼ばれる。二糖類は膜酵素の作用で分解され、最終的に単糖類として吸収されることで、エネルギー源になっていく。

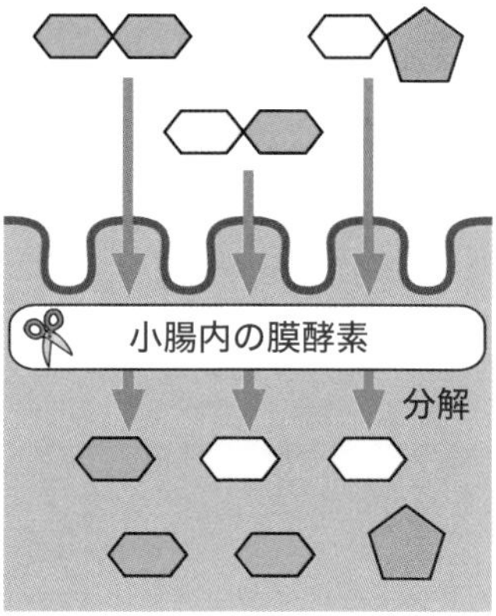

単糖類と二糖類の関係

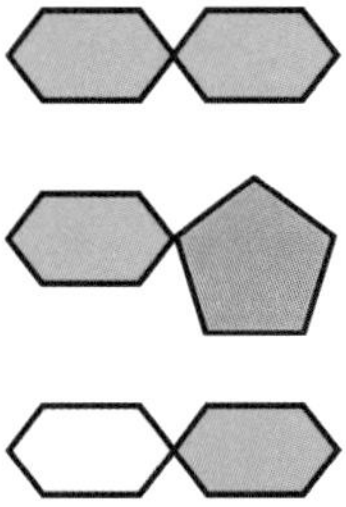

マルトース

スクロース

ラクトース

２つの単糖類が結合したのが二糖類。マルトース（麦芽糖）は２つのブドウ糖、スクロース（ショ糖）はブドウ糖と果糖、ラクトース（乳糖）はブドウ糖とガラクトースの結合によるものだ。

主な食材&摂取目安

マルトース（麦芽糖）はいも類や小麦食品、スクロース（ショ糖）は砂糖類、ラクトース（乳糖）は乳製品など。

バズーカメモ

スクロース（ショ糖）は砂糖の主成分。二糖類であることから分解は比較的早く、即効性のエネルギー源として機能する。疲れている時に食べたくなるのはそのためだ。清涼飲料水や菓子などに多く含まれるが、太る原因にもなるので、過剰摂取には注意したい。

炭水化物・糖質　多糖類

デンプン、デキストリン

効果　エネルギー／構成材料／体内調節／筋力／スタミナ／疲労回復／その他

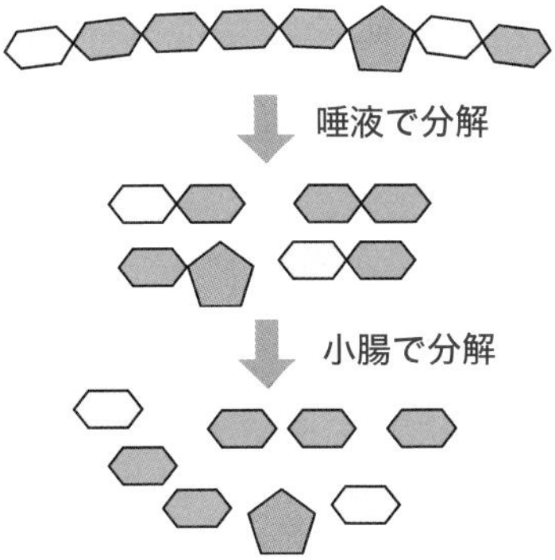

「多糖類」は、単糖が長くつながった糖質。結合方法により分類され、さまざまな性質を持つ。よく知られるのが植物に蓄えられる「デンプン」で、摂取すると体内で分解され、エネルギー源となる。じゃがいもやとうもろこしのデンプンをもとに人工的につくられた物質で、菓子やソースに使用されるのが「デキストリン」だ。「グリコーゲン」もブドウ糖が複雑につながった多糖類の１つ。主に人間の肝臓や筋肉で合成される。

難消化性デキストリンの効果とは？

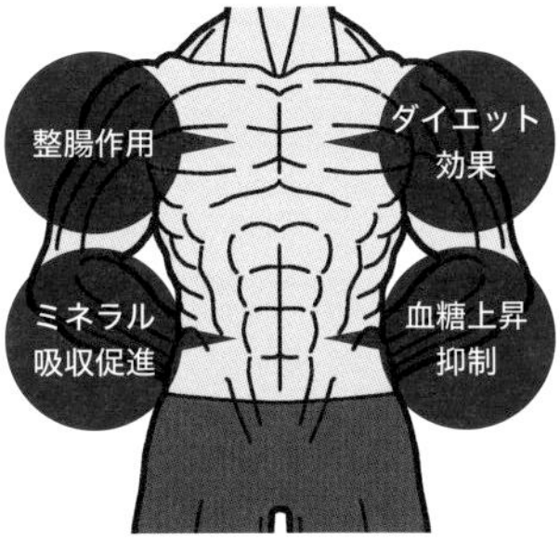

デキストリンと混同されがちな「難消化性デキストリン」は、食物繊維を補う目的で人工的につくられる、とうもろこしなどのデンプンから生まれた水溶性食物繊維。中性脂肪を減少させる効果があり、減量の味方となる。

主な食材&摂取目安

いもおよびデンプン類、穀類など。炭水化物の摂取基準は、食事から摂取するエネルギーの50〜65%に相当する量。

バズーカメモ

トクホの飲料などに活用される難消化性デキストリンは、その名の通り消化・吸収がされにくい性質によるダイエット効果や、整腸作用、食後の血糖値上昇の抑制作用、ミネラルの吸収などに役立つ。

炭水化物・糖質　多糖類

デンプン、デキストリン

マルトデキストリンとクラスターデキストリン

トレーニング時の糖質補給は、筋肥大において重要。ドリンクに混ぜて使用されるものに、「マルトデキストリン」と「クラスターデキストリン」がある。分子が細かいマルトデキストリン（粉飴も同様）は血糖値の上昇が急激で、短時間で下降に切り替わるため、トレーニング中〜後がおすすめ。他方、クラスターデキストリンは血糖値の上昇が緩やかで、それを維持する時間が長いことから、トレーニング前〜中に補給したい。

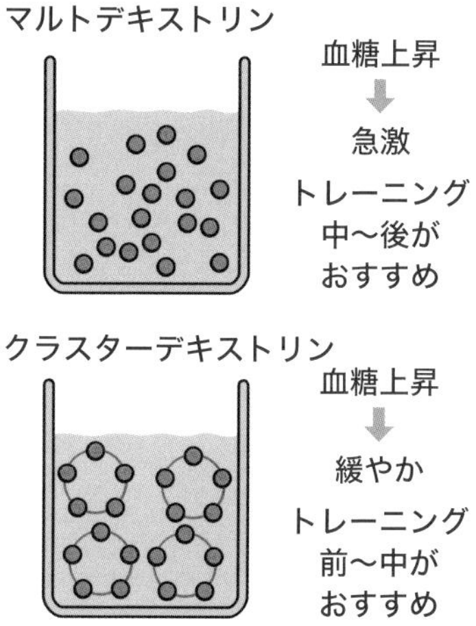

カーボドリンクのメリット

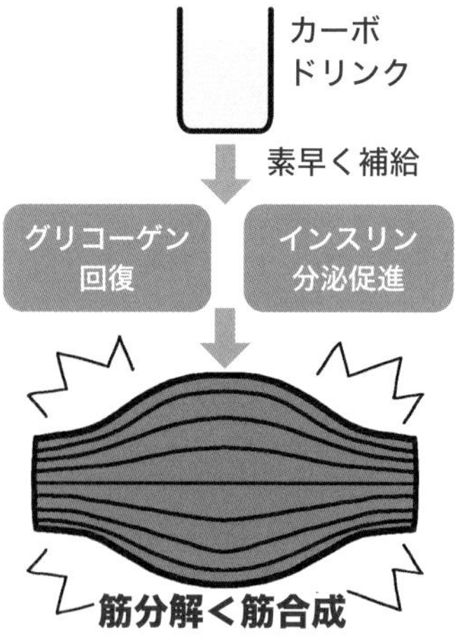

炭水化物が溶けた飲み物「カーボドリンク」は、消化・吸収の早さが重要。運動中における胃腸の異常を防ぎ、運動後はできるだけ早くグリコーゲンを回復させ、筋分解を防ぎながら筋合成を活発化させなければならないからだ。吸収の早い糖質として、ブドウ糖、マルトデキストリン、粉飴など低価格のもの、クラスターデキストリンなど高価格のものがあげられる。浸透圧の関係で胃もたれや下痢を引き起こしやすいブドウ糖に対し、クラスターデキストリンではそのリスクが低い。

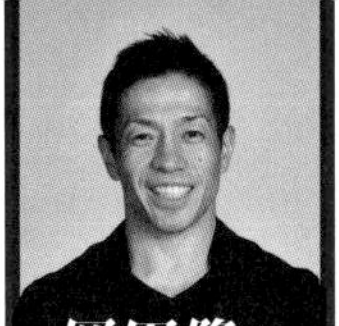

岡田隆のバズーカコラム

運動前後の糖質摂取はどうする？

運動時の適切な補給法

分子が複雑なクラスターデキストリンは、血糖値の上昇も緩やかで、維持できる時間も長くなります。一方のマルトデキストリンは吸収が早いため血糖値の上昇も急激で、下降に切り替わるのも早いです。「粉飴」も、特徴上はマルトデキストリンと同様になります。

これらを考慮すると、**血糖値を高いまま保ちたいトレーニング前〜中はクラスターデキストリンが、いち早く糖質を補給したいトレーニング中〜後はマルトデキストリンが向いている**といえそうです。ただしマルトデキストリンは分子が細かいため密度が上がりやすく、ドリンクに入れすぎると浸透圧が高くなります。浸透圧が高いと吸収が遅くなってしまうため、密度に関しては水に対してマルトデキストリンは2・5〜5％、クラスターデキストリンは10％程度が目安。浸透圧により胃もたれや下痢が生じやすい人も、濃度を低くするのがおすすめです。

急激な血糖値上昇は避ける

運動時の糖質摂取には注意も必要です。トレーニング前の糖質摂取は、開始時に血糖値がピークになり、開始後に急激に低下するため、「インスリンショック」になる可能性があります。これは運動により筋肉が血中のグルコースを取り込もうと「GLUT4」が活発化し、血糖値が下がるから。対策として、「フルクトース（果糖）」を運動開始45分前に摂取する方法があります。

トレーニング中に糖質を摂取すべきなのは、筋グリコーゲンが減少するとパフォーマンスが低下するだけでなく、**アミノ酸をエネルギー源として使い始めてしまい、筋肥大効果が低下する**からです。トレーニング後の糖質摂取は、インスリン分泌による同化作用（栄養素取り込み）や、mTORC1の活性化による筋肥大を狙います。

炭水化物・食物繊維

水溶性食物繊維

効果 エネルギー / 構成材料 / 体内調節 / 筋力 / スタミナ / 疲労回復 / その他

食物繊維は「人の消化酵素で分解されない食物中の難消化性成分の総体」と定義される。その多くは単糖が複数結合した多糖類の仲間だが、消化されないことからエネルギー源にならないのが特徴だ。水に溶けやすい「水溶性食物繊維」は、小腸における栄養素の吸収速度を緩やかにし、食後の血糖値の上昇を抑える効果がある。また、コレステロールを吸着し、体外に排出することで、血中のコレステロール値を低下させる役割も担っている。

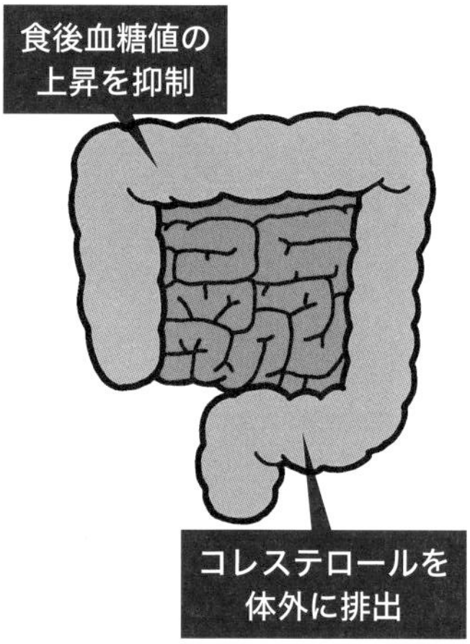

減量期に不可欠な栄養素

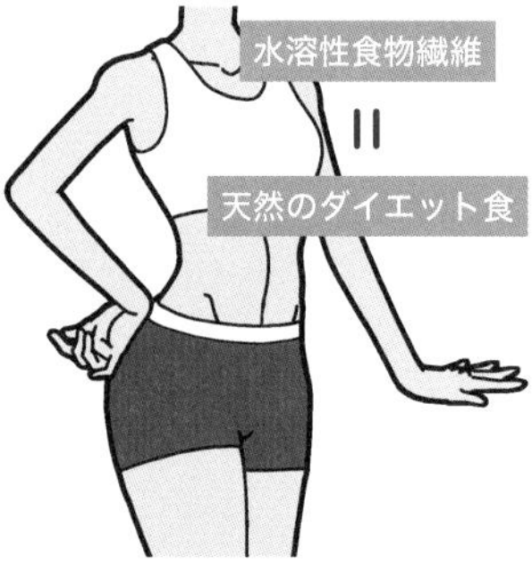

食物繊維は肥満を防ぐ効果があるため、糖尿病、脂質異常症、高血圧、動脈硬化といった生活習慣病の予防効果がある。減量期やダイエットで、ぜひ取り入れたい栄養素だ。野菜や海藻類はもちろん、穀物からも摂取できる。

主な食材&摂取目安

海藻類、大麦、ごぼう、らっきょうなど。摂取量は男性21g 以上、女性18g 以上が目安。

バズーカメモ

アメリカ栄養士会の発表では、食物繊維を多く摂取している人は、摂取量が少ない人よりも体重が低いことが報告[※1]されている。また、別の研究[※2]でも食物繊維の摂取量を1日あたり 14g 増加させると、約4カ月間にわたりエネルギー摂取量が 10%、体重が2kg 減少すると推定されている。

※1 Slavin JL.,2008
※2 Howarth NC et al.,2001

炭水化物・食物繊維

不溶性食物繊維

効果　エネルギー／構成材料／体内調節／筋力／スタミナ／疲労回復／その他

食物繊維は「水溶性食物繊維」と「不溶性食物繊維」に大別されるが、水に溶けにくい「不溶性食物繊維」は、水分を吸収して便の容積を増やす役割を果たす。便が増えると大腸が刺激され、排便がスムーズに。また、有害物質を吸着し便と一緒に体外に排出するため、腸をきれいにする、大腸がんのリスクを減らすといった効果もある。便秘の予防にも効果的だが、症状や摂取量によっては逆効果にもなるため、注意が必要だ。

腸内環境の改善に効果

水溶性食物繊維、不溶性食物繊維ともに、大腸内のビフィズス菌など善玉腸内細菌に発酵・分解される。これによって短鎖脂肪酸が産生され、また善玉菌が増え、腸内環境が改善される。

主な食材＆摂取目安

豆類、オクラ、とうもろこし、きのこ類など。摂取量は男性21g以上、女性18g以上が目安。

バズーカメモ

腸内細菌が産生する「短鎖脂肪酸」は、腸から吸収され、肝臓で糖質や脂質の代謝を活性化し、筋肉のエネルギー源になることで持久力を向上させる。この短鎖脂肪酸は食物繊維の摂取で増えることから、食物繊維や腸内環境がトレーニングにおいても重要なことがわかる。

岡田隆のバズーカコラム

糖質制限の正解って?

インスリンの働きとダイエット

減量を目的とした糖質制限は、ボディメイクの世界でもよく用いられる手法です。これは一般的に摂取カロリーを減らすためですが、その点だけ見ると脂質制限のほうが効率的かもしれません。糖質制限ではさらに、「インスリン」の分泌を抑えることが念頭に置かれているのです。

インスリンは、膵臓から分泌されるホルモンの一種。血中の「グルコース（ブドウ糖）」が多くなった際、筋肉などの細胞に糖を取り込むのを促進することで、血糖値を下げる作用があります。もしインスリンが十分に働かないと、血中グルコースが過多になり、糖尿病の原因に。

インスリンは他にも、余ったグルコースをグリコーゲンや中性脂肪に合成する働き、脂肪分解に関する酵素の作用を弱める働きがあります。こうした特徴を受け、「糖質を制限するとインスリンの分泌が減り、脂肪合成が抑制される」という考えが、糖質制限ダイエットの前提になっています。

しかし、複数の研究データを解析したある報告によると、**糖質からのエネルギー摂取量が45%以下の食事と、一般的に健康であるとされる食事では、体重減少効果に差がほとんど表れない**という結果[※1]が出ています。

糖質制限VS脂質制限

肥満の成人を対象に、糖質制限食と脂質制限食を比較し、体脂肪の減少を計算した研究[※2]によると、体重の減少は糖質制限で大きかったが、体脂肪の減少は脂質制限のほうが大きかったという結果に。しかし、インスリン分泌だけを見ると、糖質制限では減少しており、脂質制限では変化はありません。インスリンの抑制が減量に直結すると断言できない結果と言えます。**摂取カロリーを消費カロリーよりも少なくするという基本に立ち返り、栄養バランスを考慮しながら制限をするのが有効だ**と考えられます。

※1 Naude CE et al.,2014
※2 Kevin, Bemis T et al.,2015

岡田隆のバズーカコラム

バズーカ岡田の推しメシ「スーパー大麦」

スーパー大麦は食物繊維の最強食材

日本人が不足に悩む食物繊維ですが、近年は腸内環境への注目から、徐々に見直されるようになりました。同時に、穀類が人気を高めています。従来は食物繊維というと、主役は野菜でした。しかし多くの野菜は「不溶性食物繊維」の比率が高く、十分な摂取量にたどり着くことが困難。きのこや海藻も食物繊維は豊富ですが、たくさん食べるには限界があります。そこで脚光を浴びたのが穀物です。中でも**大麦は食物繊維の量が多く、「水溶性食物繊維」の比率が高いため、腸内環境を整えるのにも役立ちます**。

そして、今ホットな食材が「スーパー大麦」です。オーストラリアの国家的研究機関が国民のために10年間にわたり品種改良をつづけて誕生した食材で、日本でも購入が可能になりました。通常の大麦に多く含まれる「β-グルカン」に加え、「フルクタン」「レジスタントスターチ」「アラビノキシラン」などの食物繊維が含まれていることが特徴で、これの多くが水溶性食物繊維であることから、腸内環境の改善に大きな効果が期待されています。さらに、**食物繊維量は通常の大麦の2倍以上**という驚愕の数値です。

食物繊維を生かした除脂肪の方法

ボディメイクにおける食物繊維のメリットは、食事制限をせずに除脂肪を実現できること。糖質制限や脂質制限といった〝マイナス〟のダイエットとは異なり、通常の食事に**食物繊維を加えるだけの〝プラス〟のダイエット**であることから、無理なく脂肪を落とすことができます。

具体的な方法は、白米やパスタといった主食を、玄米、雑穀米、麦飯、全粒粉のパスタなどの穀類に置き換えること。これだけで糖質を抑え摂取カロリーが減るだけでなく、腸内環境や便通が改善され、除脂肪につながるでしょう。

脂質のボディメイク的メリット&デメリット

「太る」「健康に悪い」「パフォーマンスを低下させる」といったイメージが強い脂質。炭水化物、タンパク質と並ぶ3大栄養素の1つで、毎日必ず摂取すべき栄養素であることから、その特徴を把握することは極めて重要です。

科学用語としての脂質は、「水に不溶で、有機溶媒に溶解する化合物」を指します。ボディメイクにおける重要な役割は、**ホルモンや細胞膜の材料**となること、脂溶性ビタミン（P132～）を輸送する働きをすること。さらに満腹感を高める効果があることから、**過食の防止にも貢献**します。ただし**1gあたり約9kcalという高密度のエネルギーが供給**されるため、摂りすぎは肥満などの原因になります。

脂質は構造によって、**「トリグリセリド（中性脂肪）」「リン脂質」「コレステロール」**などの種類に分けられます。そして、これらを構成する重要な成分が「脂肪酸」。脂肪酸は特徴の異なるさまざまな種類に分けられ、食材によっても含まれる脂肪酸が変わるため、バランスを意識した摂取を心がけましょう。

脂質

脂質は高密度エネルギー源

脂 Fat と 油 Oil は違う！

**1gあたり約9kcalのエネルギーを持つ脂質は、
体内で優先的に蓄積されると考えられている。
脂質には複数の分類方法があるが、
まずは「単純脂質」「複合脂質」「誘導脂質」を押さえたい。**

脂質のボディメイク的なメリットって？

▶ 脂質の種類

分類	種類	構造	働きや特徴
単純脂質	中性脂肪	脂肪酸＋グリセロール	エネルギーの貯蔵や組織の保護。脂肪組織に貯蔵。
複合脂質	リン脂質	構造の一部にリン酸・糖・塩基を含む	細胞膜を構成。ホルモン様作用。
	糖脂質	塩基を含む	脳・神経細胞に分布。
誘導脂質	ステロール	コレステロール	細胞膜やステロイドホルモンの材料。
		脂肪酸	細胞膜を構成。ホルモン様作用。
		植物ステロール	植物の細胞膜を構成。

メリット

人体の構成に必要不可欠

ホルモンや細胞膜の材料、脂溶性ビタミンの輸送など、生存に欠かすことができない。また、空腹感の出現を遅らせる効果も。

デメリット

減量を妨げる要因になる

脂質は、糖質と比べ、消化・吸収から消費までに時間がかかるため、トレーニングで燃焼しにくい。飢餓を想定したエネルギー源の貯蔵庫である体脂肪。飽食の現代においては仇に。

飽和脂肪酸と不飽和脂肪酸の違い

脂質のうち、飽和脂肪酸を多く含む油脂は室温で固形化（脂＝fat)、不飽和脂肪酸を多く含む油脂は室温で液状化（油＝oil）する。飽和脂肪酸は健康に悪く、不飽和脂肪酸が良いと考えられているが、善悪の二元論ではなく摂取のバランスが重要。

脂質　リポタンパク質

トリグリセリド（中性脂肪）

効果　エネルギー／構成材料／体内調節／筋力／スタミナ／疲労回復／その他

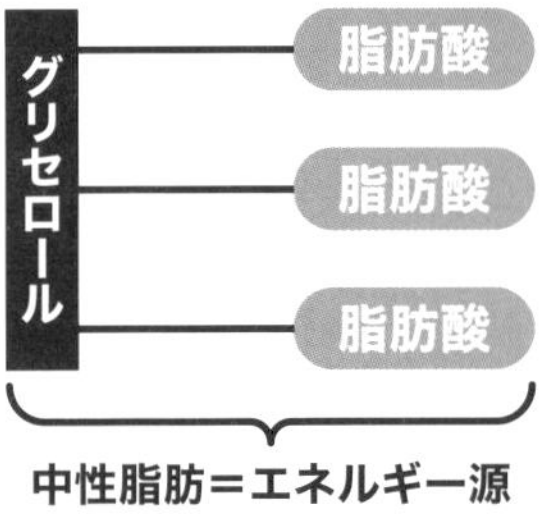

主な食材&摂取目安

食用油、肉、魚、マーガリンなど。脂質全体の摂取量は総エネルギーの20～25%程度が理想。

肉、魚、食用油の脂質や、人間の体脂肪の大部分を占める、いわゆる〝脂肪〟が「トリグリセリド（中性脂肪／トリアシルグリセロール）」。３本の脂肪酸が「グリセロール」と呼ばれる物質で束ねられて組成されており、構成する脂肪酸の違いによって「脂（fat／室温で固形状態）」と「油（oil／室温で液体状態）」に分かれる。重要なエネルギー源として機能するだけでなく、脂溶性ビタミンの摂取においても不可欠だ。

バズーカメモ

摂りすぎたトリグリセリドは体脂肪として蓄えられる。エネルギーの長期保存を担う一方で、肥満の原因でもある。

脂質　リポタンパク質

リン脂質

効果　エネルギー／構成材料／体内調節／筋力／スタミナ／疲労回復／その他

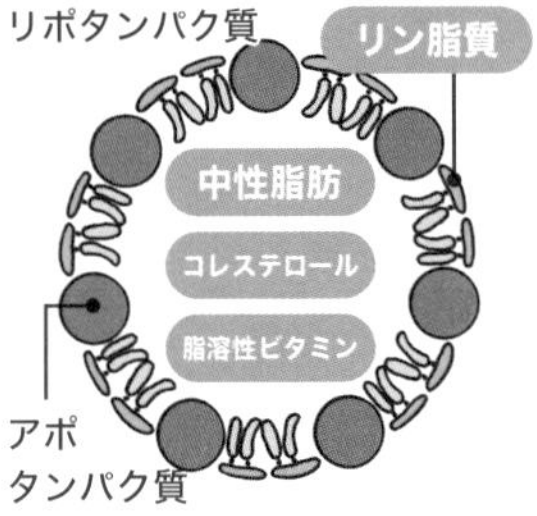

主な食材&摂取目安

大豆、卵黄など（レシチン）。脂質全体の摂取量は総エネルギーの20～25%程度が理想。

「リン脂質」は、細胞膜を形成する主な成分。水と油の両方をなじませる性質がある。血液中に存在する脂質であり、体内で脂肪が運搬・貯蔵される際、タンパク質と結びついて血液中を移動（リポタンパク質）。不足すると細胞膜の働きを保てなくなるだけでなく、血管にコレステロールがたまるため、動脈硬化や糖尿病を引き起こす原因となる。また、脳神経系においては情報伝達の機能を果たしていると考えられている。

バズーカメモ

リン脂質の一種「レシチン」は、肝臓の細胞を活性化させ、肝機能を保護してくれる。大豆や卵黄から摂取しよう。

脂質　リポタンパク質

コレステロール

効果　エネルギー／構成材料／体内調節／筋力／スタミナ／疲労回復／その他

体内に存在する脂質「コレステロール」は、70〜80％が体内で合成され、残りの20〜30％は食事から小腸で吸収される。細胞膜の構成成分であり、性ホルモンや副腎皮質ホルモンなどのステロイドホルモン、ビタミンDの材料にもなっており、肝臓においては胆汁酸に変換される。量は体内で調整されるため、摂取の目標値を設定するのは困難だが、バランスが崩れると脂質異常症につながるため要注意。動脈硬化の原因にもなる。

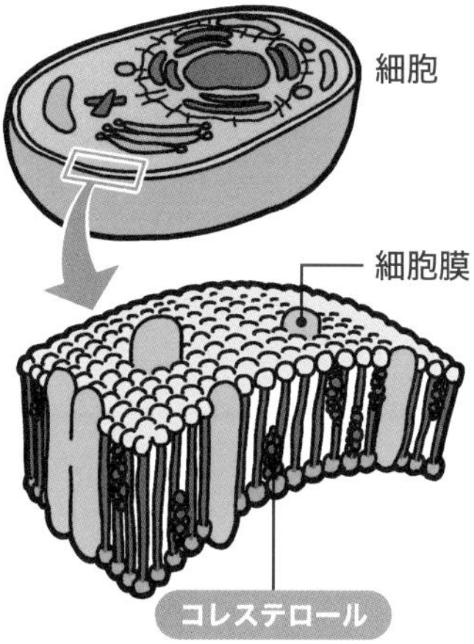

なぜコレステロールは有害視されるのか

LDL　増えすぎると血管壁にたまる

HDL　血管壁のコレステロールを回収する

バランスが大事！

体内で重要な働きを担っているコレステロールには「悪玉（LDL）」と「善玉（HDL）」がある。２つのバランスが崩れると血中コレステロールが過剰になり、脂質異常症を引き起こす。

主な食材&摂取目安

卵、かずのこ、いか、からすみ、ししゃもなど。1日200mg未満にとどめることが望ましい。

バズーカメモ

コレステロールは、ステロイドホルモンの1つ、筋肥大と密に関わる「テストステロン」の原料である。トレーニーに欠かせない栄養素なので、卵などの食材から摂取しよう。テストステロンの分泌は、睡眠や運動の不足、ストレスによって阻害されるため、生活リズムにも気をつけたい。

脂肪酸とはなにか?

脂肪酸は「炭素」「水素」「酸素」により構成されており、炭素が鎖状につながった端っこに「カルボキシ基」がついているのが特徴。その種類は2つの要因で決まります。

1つ目の分類が、**「二重結合」**の有無です。炭素原子は、他に4つの原子と結合する〝つなぎ目〟を持っています。脂肪酸のうち、炭素同士が二重に結合せず、すべて水素と結合しているのが**「飽和脂肪酸」**。一方、炭素が二重結合しているものが**「不飽和脂肪酸」**です。さらに、不飽和脂肪酸のうち炭素の二重結合が1つだと**「一価不飽和脂肪酸」**、2つ以上だと**「多価不飽和脂肪酸」**となります。不飽和脂肪酸は、二重結合がメチル基から何個目の炭素に位置するかによって、**「n-3系(オメガ3)脂肪酸」**と**「n-6系(オメガ6)脂肪酸」「n-9系(オメガ9)脂肪酸」**などに分かれます。

2つ目の分類が、鎖状につながった炭素の数。炭素数が4~6個で**「短鎖脂肪酸」**、8~10個で**「中鎖脂肪酸」**、12個以上で**「長鎖脂肪酸」**です。

ポイントになるのは、脂肪酸は基本的に、炭素数が少なくなるほど、固体から液体に変化する温度「融点」が低くなること。また、同じ炭素数の場合においては、二重結合の数が多くなるほど、融点が低くなることです。液体になりやすい中鎖脂肪酸や多価不飽和脂肪酸は、一般的に健康に良いとされます。

脂肪酸の構造と種類

1 炭素の数で分類

H＝水素
C＝炭素
O＝酸素

炭素数4～6が短鎖、8～10が中鎖、12以上が長鎖

2 二重結合の数と位置で分類

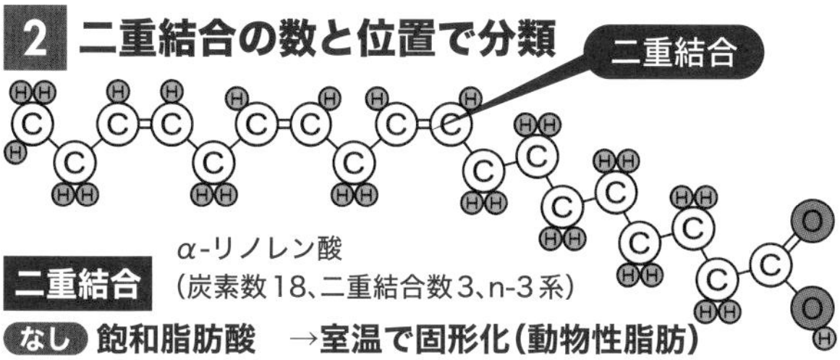

α-リノレン酸
（炭素数18、二重結合数3、n-3系）

二重結合

- **なし** 飽和脂肪酸 →室温で固形化（動物性脂肪）
- **あり** 不飽和脂肪酸→室温で液状化（菜種油など）
  - **1個** 一価不飽和脂肪酸
  - **2個以上** 多価不飽和脂肪酸
    - **メチル基から3個目** n-3系（オメガ3）
    - **メチル基から6個目** n-6系（オメガ6）

脂肪酸は、炭素の数、そして、炭素の二重結合の数と位置によって分類される。炭素数の数により、それぞれ短鎖・中鎖・長鎖に分類。炭素の二重結合の有無で飽和と不飽和、不飽和のうち二重結合の数で一価と多価に分けられる。また、二重結合の位置がメチル基から何番目にあるかによってもn-3系などの分類がなされる。

3 主な脂肪酸の種類

脂肪酸の分類						脂肪酸名	炭素数	二重結合数	含有食品
炭素数による分類	短鎖脂肪酸 炭素数4～6	二重結合の数による分類	飽和脂肪酸 二重結合なし			酪酸	4	0	乳製品、バター
						カプロン酸	6	0	乳製品、バター
	中鎖脂肪酸 炭素数8～10					カプリル酸	8	0	乳製品、バター
						カプリン酸	10	0	乳製品、バター
	長鎖脂肪酸 炭素数12以上					ラウリン酸	12	0	パーム油
						ミリスチン酸	14	0	動物油、魚油
						パルミチン酸	16	0	動物油、魚油
						ステアリン酸	18	0	動物油、魚油
						アラキジン酸	20	0	落花生油
						ベヘン酸	22	0	菜種油、落花生油
						リグノセリン酸	24	0	落花生油
			一価不飽和脂肪酸 二重結合数1			パルミトオレイン酸	16	1	魚油、鯨油
						オレイン酸	18	1	植物油、動物油
			多価不飽和脂肪酸 二重結合数2以上	二重結合の位置による分類	n-6系	リノール酸	18	2	植物油
						γ-リノレン酸	18	3	月見草油
						アラキドン酸	20	4	魚油、肝油
					n-3系	α-リノレン酸	18	3	植物油
						エイコサペンタエン酸（EPA）	20	5	魚油
						ドコサヘキサエン酸（DHA）	22	6	魚油

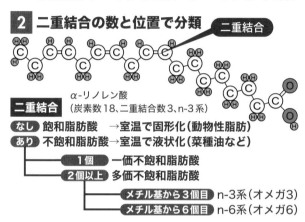

脂質　脂肪酸

飽和脂肪酸

効果　エネルギー／構成材料／体内調節／筋力／スタミナ／疲労回復／その他

動物性で常温時は固形

主な食材＆摂取目安

パーム油、バター、牛脂、ラード、肉の脂身など。脂質全体の摂取量は総エネルギーの20～25％程度が理想。

炭素の二重結合がない「飽和脂肪酸」は、バターなどのように常温で固形になる「脂」の主成分。基本的に動物性脂肪であり、一般的に「健康に悪影響」とされるが、他の脂肪酸も含めた摂取バランスが重要。飽和脂肪酸の過剰な摂取は血中のLDL（悪玉）コレステロール濃度を上昇させ、心疾患症の発症リスクを高めるとされている。

バズーカメモ

厚生労働省の基準では、総エネルギー摂取量の７％以下が推奨されている。不飽和脂肪酸との摂取バランスも重要。

脂質　脂肪酸

不飽和脂肪酸

効果　エネルギー／構成材料／体内調節／筋力／スタミナ／疲労回復／その他

植物や魚に
含まれる液体油

主な食材＆摂取目安

オリーブオイル、菜種油などの植物油、青魚など。脂質全体の摂取量は総エネルギーの20～25％程度が理想。

炭素の二重結合がある「不飽和脂肪酸」は、植物や魚に含まれる、常温で液体になる「油」の主成分。血中のLDL（悪玉）コレステロール濃度を抑えるなど、飽和脂肪酸とは対照的に「健康に良い」と認識される。不飽和脂肪酸は、炭素の二重結合の数により「一価不飽和脂肪酸」と「多価不飽和脂肪酸」に分けられる。このうち多価不飽和脂肪酸は体内では合成できないため、食物から摂取しなければならない「必須脂肪酸」だ。

バズーカメモ

魚や大豆食品を中心とした、昔ながらの日本食は、不飽和脂肪酸が豊富。和定食はボディメイクや減量の強い味方になる。

脂質　脂肪酸

短鎖脂肪酸

効果　エネルギー／構成材料／体内調節／筋力／スタミナ／疲労回復／その他

C 炭素数が4～6個

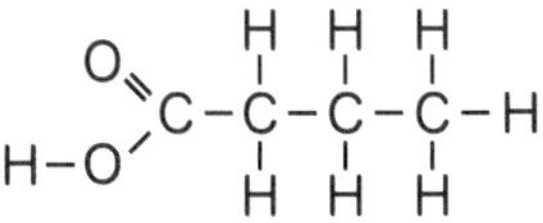

腸内細菌が生成

主な食材＆摂取目安

海藻類、大麦、ごぼう、らっきょうなどの水溶性食物繊維の摂取により、腸内で生成される。

脂肪酸のうち、炭素の数が4～6個のものが「短鎖脂肪酸」。人間の大腸内で、腸内細菌が食物繊維やオリゴ糖を発酵することで生成される。水溶性食物繊維から腸内で生成することが大腸内での作用、および大腸からの吸収、そして全身への作用を得るために重要。短鎖脂肪酸には、「酪酸」「プロピオン酸」「酢酸」などが含まれる。このうち酪酸は、腸上皮細胞におけるエネルギー源で、抗炎症作用など生理効果を持つ。

バズーカメモ

短鎖脂肪酸の一部は、血液を通じて全身に運ばれ、筋肉のエネルギー源や全身の調節に関連するため重要。

脂質　脂肪酸

長鎖脂肪酸

効果　エネルギー／構成材料／体内調節／筋力／スタミナ／疲労回復／その他

C 炭素数が12個以上

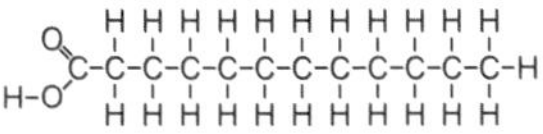

食用油のほとんどを占める

主な食材＆摂取目安

ごま油、オリーブオイル、肉類、魚類など。脂質全体の摂取量は総エネルギーの20～25％程度が理想。

脂肪酸のうち、炭素の数が12個以上のものが「長鎖脂肪酸」(14個以上とする場合もある)。MCTオイルとして近年注目される「中鎖脂肪酸」(P88) と比べ、「健康に悪影響」とイメージされることが多いが、健康に良いイメージのn-3系（オメガ3）脂肪酸(DHA、EPAも含む) も長鎖脂肪酸に分類される。健康に良くても過剰摂取は体脂肪を蓄積するので要注意。

バズーカメモ

長鎖脂肪酸は中鎖脂肪酸と比べ、消化・吸収が遅く、即効型のエネルギーにはなりにくい。長期保存型のエネルギーとして捉えよう。

脂質　脂肪酸

中鎖脂肪酸

効果　エネルギー／構成材料／体内調節／筋力／スタミナ／疲労回復／その他

脂肪酸のうち、炭素の数が８～10個のものが「中鎖脂肪酸」。「MCT（Medium-chain triglyceride）」とも呼ばれる。最大の特徴は、吸収時に門脈を通過し肝臓へ直接運ばれ代謝されること。多くの油脂が該当する「長鎖脂肪酸」のように、まず腸管・リンパ管を経て脂肪細胞に取り込まれず、体内で「トリグリセリド（中性脂肪）」に再合成されにくい。このように、即効型のエネルギーとして迅速に利用できるだけでなく、体脂肪がつきにくく、燃やしやすいというメリットがある。

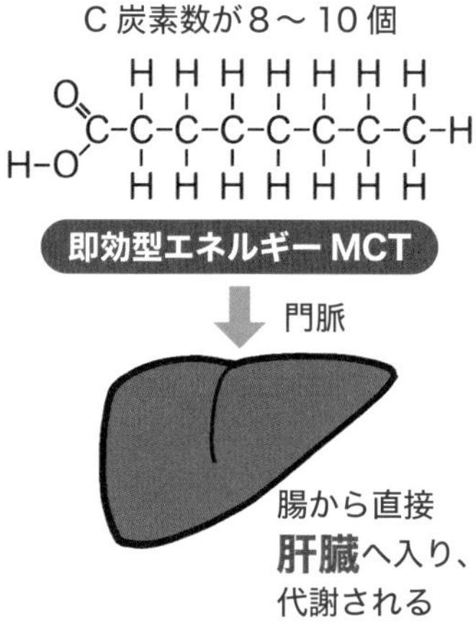

MCTオイルの効用

MCT オイルは
絞れる油

近年注目されているのが中鎖脂肪酸を100％使用した「MCT オイル」だ。MCT オイルと長鎖脂肪酸100％使用の LCT オイルを比較した研究[※1]では、MCT オイルを摂取するグループで体重、体脂肪、ウエスト周囲径、内臓脂肪、皮下脂肪の減少が認められた。

主な食材＆摂取目安

ココナッツ油、パーム油、乳製品など。脂質全体の摂取量は総エネルギーの20～25％程度が理想。

エネルギー補給、腹持ちの良さ、油の食感やうま味をもたらしつつ除脂肪を加速する MCT オイル。介護が必要な高齢者（平均年齢 86 歳）を対象にした研究[※2]では、筋力および筋肉量の増加が見られたことも報告されている。

※1 Mumme K et al.,2015
※2 Abe S et al.,2016&2022

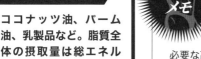

脂質　　脂肪酸

一価不飽和脂肪酸

効果　エネルギー／構成材料／体内調節／筋力／スタミナ／疲労回復／その他

二重結合が1つ

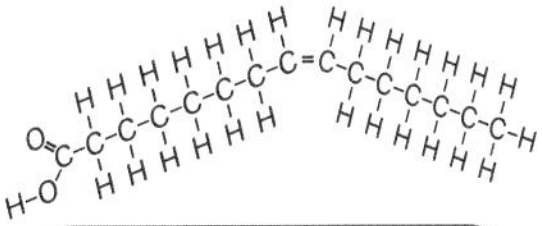

オレイン酸が代表的

不飽和脂肪酸のうち、炭素の二重結合が1つのものが「一価不飽和脂肪酸」。代表的な脂肪酸が主にオリーブオイルに含まれる「オレイン酸」であり、血中のLDL（悪玉）コレステロールを下げるのが特徴だ。オリーブオイルを使用する地中海沿岸の人々の心疾患死亡率が低いことなどから、オレイン酸は注目を集めてきた。ただし、飽和脂肪酸を一価不飽和脂肪酸に置き換えても心疾患症リスクに差は出ないという報告[※1]も。

主な食材&摂取目安

ヒマワリ油、オリーブオイル、菜種油、ナッツ類など。脂質全体の摂取量は総エネルギーの20〜25%程度が理想。

バズーカメモ

実は日本人は菜種油などでオレイン酸を多く摂取している。料理にオリーブオイルをかけるなど、過度な摂取は要注意だ。

脂質　　脂肪酸

トランス脂肪酸

効果　エネルギー／構成材料／体内調節／筋力／スタミナ／疲労回復／その他

通常は水素(H)が同じ側にある

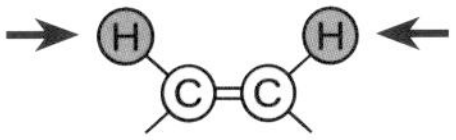

トランス型は水素(H)が反対側に

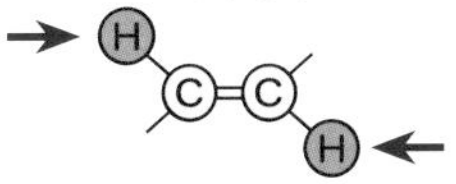

不飽和脂肪酸のうち、水素原子が炭素の二重結合を挟み、それぞれ反対側についた構造を持つのが「トランス脂肪酸」。自然界にはほとんど存在せず、マーガリンやファットスプレッドなどを製造する工程、植物油を高温にして脱臭する工程において、副産物として生成される。過剰な摂取は脂質代謝、炎症、酸化ストレスなどの制御に影響するという結果が多数報告されており、心疾患症の要因になるとも考えられている。

主な食材&摂取目安

マーガリン、ビスケット類、ショートニングなど。総エネルギー摂取量の1%未満に抑えることが推奨される。

バズーカメモ

現段階でトランス脂肪酸の摂取は推奨されないが、未解明な部分も多く、今後も注視したい。

※1 Jakobsen MU.,2009

脂質　脂肪酸

多価不飽和脂肪酸

効果　エネルギー／構成材料／体内調節／筋力／スタミナ／疲労回復／その他

不飽和脂肪酸のうち、炭素の二重結合が２つ以上のものが「多価不飽和脂肪酸」。主に「n-3系脂肪酸」と「n-6系脂肪酸」に分けられる。「n-3系脂肪酸」の代表例は、アマニ油などに含まれる「α-リノレン酸」、青魚などに含まれる「EPA」「DHA」。「n-6系脂肪酸」の代表例は、大豆油などに含まれる「リノール酸」、卵黄などに含まれる「アラキドン酸」だ。これらは必須脂肪酸であり、食品から摂取する必要がある。中でもα-リノレン酸、リノール酸は体内で合成できない狭義の「必須脂肪酸」であるため、食事やサプリメントで摂取したい。

二重結合が２つ以上

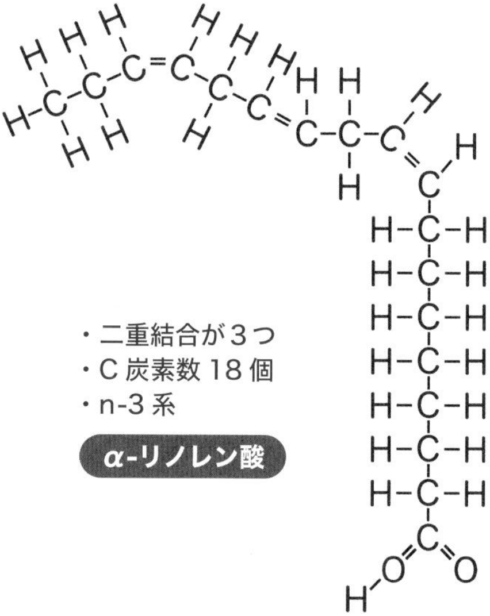

二重結合とn系列

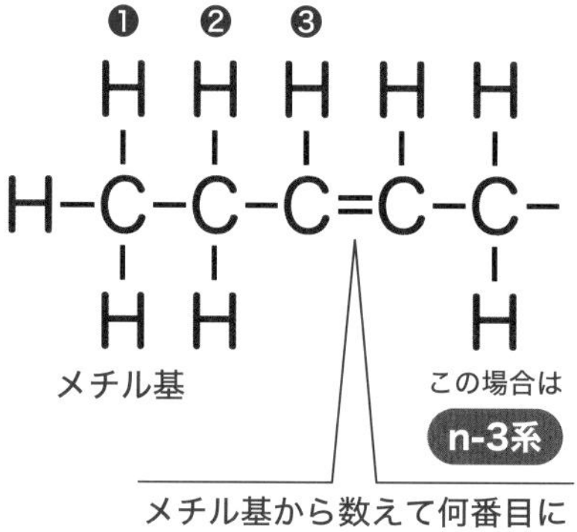

メチル基から数えて何番目に
二重結合があるかで決まる

不飽和脂肪酸の構造を見ると、炭素を起点に折れたような構造をしている。このつなぎ目が「二重結合」であり、メチル基から数えて何番目に始まっているかで、「n 系列」の数字が決まる。この「n 系列」は「オメガ」と呼ぶこともある。

健康食として注目の〝オメガ系〟

「EPA（エイコサペンタエン酸）」は中性脂肪の低下、「DHA（ドコサヘキサエン酸）」は脳の活性化、「α-リノレン酸」は血管の拡張、「リノール酸」は血中コレステロール値の低下など、それぞれの脂肪酸が有効な作用を持ち、〝オメガ系〟と呼ばれる健康食として注目されている。

脂肪酸の種類	脂肪酸の分類	代表的な脂肪酸	特徴
n-3系脂肪酸	多価不飽和脂肪酸	EPA、DHA、※α-リノレン酸	必須脂肪酸 酸化しやすい ※体内で合成できない
n-6系脂肪酸	多価不飽和脂肪酸	※リノール酸、アラキドン酸	必須脂肪酸 ※体内で合成できない
n-9系脂肪酸	一価不飽和脂肪酸	オレイン酸	体内でも合成できる

多価不飽和脂肪酸の健康への影響

心血管疾患、認知症の予防など、生活習慣病予防が期待されることが多い多価不飽和脂肪酸だが、一貫したエビデンスは十分とは言えない。特定の脂肪酸のみを積極的に摂取することは推奨されず、あくまでさまざまな脂肪酸の摂取バランスが重要だと考えられている。

飽和：不飽和＝1：1〜2

飽和：一価不飽和：多価不飽和＝3：4：3

多価→n-6系：n-3系＝4：1

主な食材＆摂取目安

アマニ油、エゴマ油など食用油、さば、いわしなどの青魚、くるみなど。脂質全体の摂取量は総エネルギーの20〜25％程度が理想。

バズーカメモ

EPAとDHAなど不飽和脂肪酸は酸化しやすい性質を持つ。酸化防止が不十分なサプリメントや精製された油も販売されているので注意。

岡田隆のバズーカコラム

ケトジェニックと持久系パフォーマンス

ケトン体とは何か？

極度の飢餓状態など、糖質不足でエネルギーが枯渇しそうになると、脳や心臓、筋肉などに代替エネルギー源を送らなければ生存することができません。この際に活躍するのが、「ケトン体」という物質です。**ケトン体は「アセトン」「アセト酢酸」「β-ヒドロキシ酪酸」の総称**。糖質代謝が異常になると、肝臓で脂肪酸から生成され、それぞれの組織に送り出されます。**筋肉では「アセチルCoA」に変換され、有酸素系の経路でATPを合成することで、エネルギーを生み出すことが可能**です。ケトン体は脂肪酸と比べ、アセチルCoAに変換されるまでの時間が非常に短いことが特徴。これによりグルコースの消費量が抑制され、脂肪を即座に燃焼することで、極限状態でも身体を動かすことができるのです。こうしたことからケトン体は、〝エネルギー供給の救世主〟といえるでしょう。しかし血中濃度が過剰になると「ケトアシドーシス」を引き起こし、脱水症状や中枢障害、昏睡が生じる可能性があるのです。

糖質制限を超えるケトン食

ケトン体を生成し働かせることを**「ケトジェニック」**、ケトン体濃度を持続的に高めるための食事を**「ケトン食」**といいます。ケトン食は糖質を減らす分、脂質とタンパク質を増やすことで摂取エネルギーを維持する方法で、「糖質摂取量を1日20〜60g未満に抑える」「摂取エネルギー全体の60〜90％を脂質にする」など、かなり極端な食事法。糖質制限食よりも一歩先をいくイメージです。てんかんなどの療法として医学的に用いられるほか、脂肪の消費を目的に、ダイエットとしても流行しました。しかしケトジェニックダイエットは、栄養管理が困難、コストがかかる、体臭が強くなる、リバウンドなどの理由から、採用しない人も多いです。ボディメイクに関しても、**糖質の極度な制限はデメリット（筋トレの主なエネルギー源は糖質）が多い**ため、主流の方法にはなっていません。

ケトジェニックとマラソンの関係

では、ケトジェニックは、運動に対してはどう影響するのでしょうか。

脂肪酸は酸化されてミトコンドリア内の有酸素系でエネルギーを産生します。すなわち、運動を行うと脂質酸化速度は高まるということであり、またそれは脂質が消費されていることを意味します。そして、ケトン食を長期的に持続すると、脂質酸化量は著しく増加するといわれます。高糖質食のアスリートと比べても2倍以上という報告[※1]もあります。ケトジェニックがエネルギー供給における脂質利用の割合を高めてくれるのは、確かといえそうです。

このようなケトジェニックの恩恵を受けやすいのは、ウルトラマラソンのような長時間競技。ウルトラマラソンではグリコーゲンからのエネルギー供給が限界を迎えますが、ケトジェニックでは糖質の酸化酵素の活性が低下して、脂質酸化による長時間のエネルギー供給が行われるからです。**多くの補給回数を必要とする糖質に頼らず、体脂肪をエネルギーに換えてくれることから、50〜100㎞を走るような持久系運動のパフォーマンスには向いている**と考えられます。

しかし、通常のマラソンのように強度（ここでは速度）が高まってくると、糖質によるエネルギー供給が必須になります。2時間台前半で走り切る有能なランナーは、最大酸素摂取量の80〜90％の高強度運動をしており、そのほとんどを解糖系によるエネルギー供給で利用していると考えられています。こうした運動では、糖質の利用を高める食事（グリコーゲンローディング）やトレーニングが重要です。

他方、サッカーなどの競技で近年、脂質を多く摂取する選手もいます。サッカーは90分の試合の中でスプリントとジョギングを繰り返すのが特徴で、糖質の酸化利用によるエネルギー供給に依存しすぎると、試合後半でのパフォーマンスに支障をきたすからだと考えられます[※2]。

総合的に見ると、**ケトジェニックがもたらすスポーツへのメリットは、競技時間とその中での運動量、負荷によって変わる**といえます。

※1 Volek JS et al.,2016
※2 Antonio Paoli A et al.,2021

岡田隆のバズーカコラム

ケトジェニックと筋肥大・筋力・パワー

ケトン食はトレーニングにどう影響するか

前のコラムではケトジェニックと運動の複雑な関係を見てきました。では、筋トレにおいてはどうでしょうか。スポーツ科学では、長年ケトン食は持久系運動にフォーカスして研究されてきましたが、近年はそれ以外の運動でも取り組まれています。

ある研究[※1]では、セミプロのサッカー選手を対象に、30日間ケトン食を摂取させる実験を行いました。しかし、通常の食事を摂取したグループと比べ、筋肉量、筋力パワー、持久力には変化をもたらさなかったという結果が出ています。

また、筋トレをしている若年男性にケトン食を10週間与え、トレーニングを行った実験[※2]では、筋力においては通常食のグループと同等の増加、ピークパワーにおいては通常食グループのみ増加した結果が出ています。一方、除脂肪量、筋肉量、血中テストステロン濃度においては、ケトン食グループが上回りました。10週間の実験の後、通常食に戻したケトン食グループは、その1週間後に顕著な体脂肪および中性脂肪の増加、筋力、筋肉量の増加が見られています。同研究の結論は、詳細なメカニズムは不明であるものの、**通常食に戻したことにより筋線維の増大が促進されること、グリコーゲンローディングが促進され筋グリコーゲンの貯蔵量が増えた**と考察しています。

このような報告は他の研究でも見られ、ケトン食の筋力や筋肉量への影響は、不明な部分が大きいです。一部では、除脂肪量に関しても否定的な報告をしているものもあります。これはケトン体の影響だけでなく、タンパク質合成に必要な「mTORC1」活性を促すインスリンの分泌量なども関係しているからだと考えられそうです。

ケトジェニックで筋肥大を起こすのは難しいものの、ボディビルダー

※1 Antonio Paoli A et al.,2021
※2 Wilson JM et al.,2020

においてはタンパク質摂取とトレーニングを持続し、筋力や筋肉量を維持したままで減量をするという点で有効なのかもしれません。しかし、一般的なトレーニーの場合、やはりメリットよりデメリットのほうが上回りそうです。

ケトジェニックのデメリットを考える

糖質制限をすると、短期的には体重が落ちます。しかしその際、必ずしも体脂肪が燃焼しているとは限りません。

筋肉はグリコーゲンとして糖質を含んでいますが、ここには水分も含まれるため、〝筋肉が張った状態〟になっています。いわゆる**「カーボアップ」**という現象です。糖質制限をするとグリコーゲンが少なくなり、同時に水分も抜けるので、一気に体重が減ります。つまり、**短期間の糖質制限ダイエットは、糖と水分が減っている量が大きく、体脂肪が大量に減っているわけではない**のです。減量（体重減少）そのものが目的であればいいですが、除脂肪としては効果が少ないといえるでしょう。

また、糖質制限による血糖値の低下は、グリコーゲン分解だけでなく、「糖新生」も促進します。糖新生は肝臓で行われる新たな「グルコース（ブドウ糖）」の生成で、アミノ酸も材料になってしまいます。このため、タンパク質が分解され、アミノ酸が使われてしまい、筋肉が減ることになります。

糖質制限を続けると、ケトン体が増えて脂質を利用するように身体は適応していきます。しかし、**筋トレにおけるパフォーマンスが下がるほか、アミノ酸がエネルギーとして使用される確率も高まるなど、デメリットも多い**わけです。さらに、糖質制限食は炭水化物に含まれる食物繊維も減ってしまうため、腸内環境も悪化します。

ケトジェニックを減量に生かす方法

以上のことを加味すると、糖質制限やケトジェニックダイエットは、**除脂肪が停滞した時に、一時的に活用する**のがおすすめです。高糖質、低糖質、超低糖質の日などを設けることで、糖質代謝と脂質代謝の両方に身体が順応し、強度も質も高いトレーニングをしながら体重を減らすことができるからです。停滞を打破する1つのテクニックと考えるのが良いでしょう。

タンパク質のボディメイク的メリット＆デメリット

３大栄養素の１つである「タンパク質」は、筋肉や骨、皮膚、髪、臓器、血液など、体中のさまざまな要素における材料です。英語の「プロテイン」は、ギリシャ語で「最も重要なもの」を指すことからも、人間にとって非常に重要であることがわかります。**タンパク質を構成する最小単位が「アミノ酸」**です。人体に存在するタンパク質を構成しているのは、わずか20種類のアミノ酸であり、それぞれ特徴が異なります。

人間のタンパク質を構成するアミノ酸は、**体内で生成が可能な11種類の「非必須アミノ酸」と、生成が不可能な9種類の「必須アミノ酸」**に分けられます。必須アミノ酸は食品からの摂取が必要であり、全種類をバランス良く摂取しなければ有効利用されません。その含有比率を評価する指標として「アミノ酸スコア」がありますが、９種類の必須アミノ酸がしっかり含まれる食品はアミノ酸スコア１００と呼ばれています。

ここでポイントになるのは、すべてのアミノ酸が揃っていなければ、タンパク質は効率的に生成されないこと。１つのアミノ酸が極端に少ないと、どんなに他のアミノ酸を損っても、十分なタンパク質は生み出されないのです。

タンパク質

タンパク質は"最も重要なもの"を意味する

アミノ酸 →(結合) **ペプチド** →(結合) **タンパク質**

最小単位であるアミノ酸が、2～49個結合したものが「ペプチド」、50個以上結合したものをタンパク質という。体内ではタンパク質→ペプチド→アミノ酸と細かく分解され、再び合成されて筋肉などのタンパク質になる。

タンパク質のボディメイク的メリットって？

▶ アミノ酸の種類

分類	
必須アミノ酸	体内で合成できず、体外から摂取する必要がある９種類のアミノ酸。
非必須アミノ酸	体内で合成できる 11 種類のアミノ酸。

メリット

筋肉を合成する素材になる
タンパク質の最大のメリットは、筋肉を合成する素材になること。増量期における筋肥大にはもちろん、減量期の筋肉量を維持することにも重要。骨格筋量が多いほど基礎代謝量も高まり、除脂肪も加速できる。また３大栄養素の中では最も太りにくい。

デメリット

余剰分は有害物質になる
糖質や脂質と異なり、タンパク質は体内に蓄積されにくい。余ったものは「アンモニア」という有害物質になり排出されるが、過剰摂取はこの役割を担う肝臓や腎臓に負担をかけてしまう。

ペプチドが注目される理由

サプリメントなどで近年注目を浴びているのがペプチド。小腸には、アミノ酸の他に、ペプチドの輸送経路もあり、消化の労力と時間をかけずに吸収できるからだ。その結果、血中アミノ酸濃度を速やかに高められる。

タンパク質　必須アミノ酸

トリプトファン

効果	エネルギー	構成材料	体内調節	筋力	スタミナ	疲労回復	その他

必須アミノ酸の1つ「トリプトファン」は、精神を安定させる「セロトニン」、生体リズム調節で重要な「メラトニン」の合成に関与することから、うつ病や睡眠障害の治療、認知障害、不安神経症、神経変性疾患の解消に使用される。セロトニン分泌の低下は、肥満や神経性過食症、拒食症、末梢神経障害などにも関連[※1]するとされていることからも、トリプトファンが神経系と深く関わっていることがわかる。

神経系の安定に！

トリプトファンと疼痛耐性

セロトニンは痛みを抑えることから、前駆体であるトリプトファンの補給は運動中の痛みに対し、耐性を高めるとされる。L-トリプトファンを投与した研究[※2]では、非投与の被験者よりトレッドミルでの総運動時間の増加が見られた。

主な食材&摂取目安

鶏肉（七面鳥）、魚、卵、牛乳、チーズ、バナナなど。1日の摂取量は体重1kgあたり4.0mg程度が好ましい。

バズーカメモ

効率的な筋肥大のためには、トレーニングと食事だけでなく、休養も大切な要素だ。リラックス効果があるトリプトファンは、トレーニング後や入眠前に摂取したい。精神が安定し、睡眠の量と質が改善されることで、翌日のトレーニングの質や強度、モチベーション向上にもつながるだろう。

※1 Hartmann E et al.,1979
※2 Segura R et al.,1988

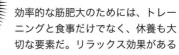

タンパク質　必須アミノ酸

リジン

効果　エネルギー／構成材料／体内調節／**筋力**／スタミナ／疲労回復／その他

「リジン」はブドウ糖（グルコース）の代謝促進によって集中力を高めたり、小腸からのカルシウム吸収を促進したりする必須アミノ酸。また、肝機能を強化するなどの効果が確認されている。抗体やホルモン、酵素などをつくる機能も担っており、組織の修復や成長に関与。また、脂肪燃焼に必要な「カルニチン」の合成原料でもある。牛乳から発見されたアミノ酸で、生体のタンパク質中には約2〜10%含まれている。

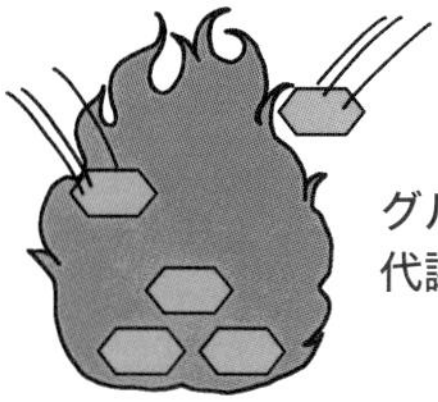
グルコースの代謝アップ

肝機能強化

不足すると疲れの原因に

リジンが欠乏すると疲れやすくなり、集中力の低下、目まい、貧血などの症状が表れることがある。また、肝臓の機能が低下することで、血中の脂質やコレステロールが増加しやすくなる。さらに、抗体の生成に関与するなど免疫系でも重要な役割を担っている[※1]。

主な食材&摂取目安

野菜、果物、マメ科の植物、ナッツ類、肉類、牛乳やチーズなど。摂取基準は定まっていない。

バズーカメモ

リジンは植物性タンパク質において含有量が少ないという特徴を持つ。米や小麦、とうもろこしなどの穀類タンパク質では特に不足する。アミノ酸は、1つでも不足してしまうとタンパク質が効率的に合成できなくなるので、日々の摂取を心がけたい。

※1 Thein D et al.,1984

タンパク質　必須アミノ酸

メチオニン

効果　エネルギー／構成材料／体内調節／筋力／スタミナ／疲労回復／その他

イオウを含んだ「含硫アミノ酸」の1つ。腎・肝機能をサポートして血中コレステロール値をコントロールしたり、アレルギーの原因となる「ヒスタミン」の血中濃度を抑えたりすることから、アレルギー症状を抑制する効果を持つ。肝臓では毒素や老廃物の排除や代謝を促進しており、不足すると利尿能力が低下し、むくみが生じてしまう。

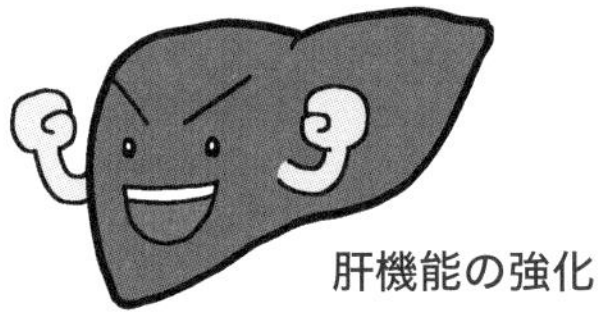

抗酸化作用を高めるアミノ酸

メチオニンにはいくつもの機能があり、その中には組織の保護、DNAの化学修飾、細胞機能の維持が含まれる。また、システインをつくり出すのに関わり抗酸化物質やタウリンの生成に関与する[※1]。

主な食材＆摂取目安

卵、魚類、肉類など。メチオニンとシステイン（P119）を合計した1日の推奨摂取量は体重1kgあたり19.0mg。

バズーカメモ

メチオニンが変換される分子の1つがS-アデノシルメチオニン(SAMe)。その一部を他の物質に移すことで、エネルギーに必要なクレアチンの生成にも使われる。加齢による体力減退の原因の1つがクレアチン合成能力の減少であることから、メチオニンは老化を抑制する成分ともいえそうだ。

※1 Brosnan JT et al.,2006

タンパク質　必須アミノ酸

フェニルアラニン

効果　エネルギー／構成材料／体内調節／筋力／スタミナ／疲労回復／その他

「フェニルアラニン」は体内で「ノルアドレナリン」と「ドーパミン」に変換され、脳と神経細胞の間で信号を伝える神経伝達物質になる。また、気分の落ち込みや無気力を緩和することから、うつ症状の緩和にも効果があるとされる。脳内でモルヒネのような働きをする「エンドルフィン」を正常なレベルに高めることで、痛みを抑える効果もあり、人工的に合成された「DL-フェニルアラニン」は医療現場で鎮静剤として活用されている。

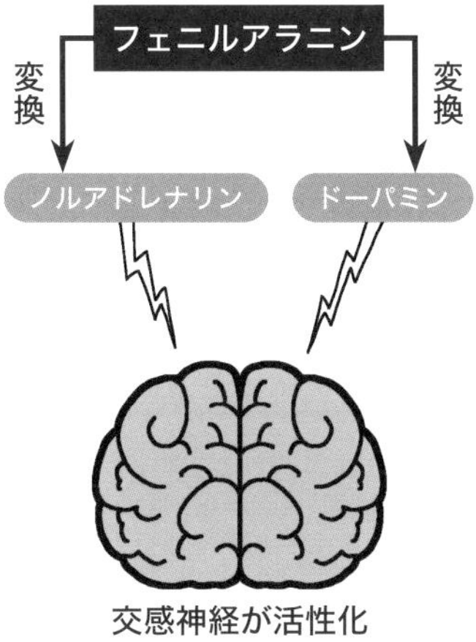

フェニルアラニンの過剰摂取

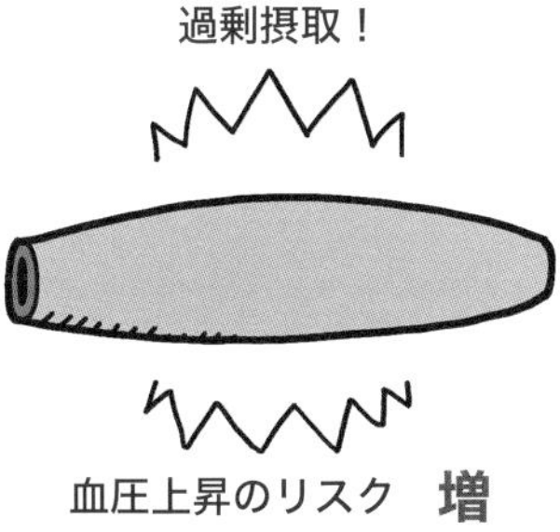

フェニルアラニンを原料とした人工甘味料「アスパルテーム」は、清涼飲料水や菓子、加工食品、ビタミン剤、医薬品などに添加されている。過剰摂取の危険度は低いが、血圧を上昇させる作用があるので注意が必要。

主な食材＆摂取目安

卵、大豆、小麦、魚類など。日本人の平均摂取量は、男性3.51g／日、女性2.97g／日と報告されている。

バズーカメモ

運動前のフェニルアラニン摂取が全身の脂肪の酸化を刺激すると報告する研究[※1]がある。トレーニング前の摂取により、除脂肪が促進される効果を期待できそうだ。

※1 Ueda K et al.,2017

タンパク質　必須アミノ酸

スレオニン（トレオニン）

効果　エネルギー／構成材料／体内調節／筋力／スタミナ／疲労回復／その他

「スレオニン（トレオニン）」は、肝臓や胃で力を発揮する必須アミノ酸。肝臓に中性脂肪が蓄積すると「脂肪肝」が引き起こされるが、スレオニンは代謝を促すことで肝臓への脂肪蓄積を防ぎ、脂肪肝を予防してくれる。また、胃酸分泌のバランスを調整する働きもあり、胃炎の予防、食欲の増進に役立つとされている。代謝を促すことで新しい細胞をつくり出し、身体の各機能が正常に発達するよう促す効果もある。

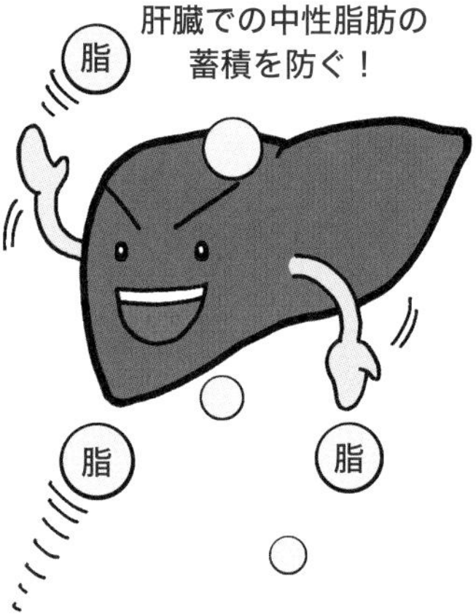

胃腸を健康に保つ

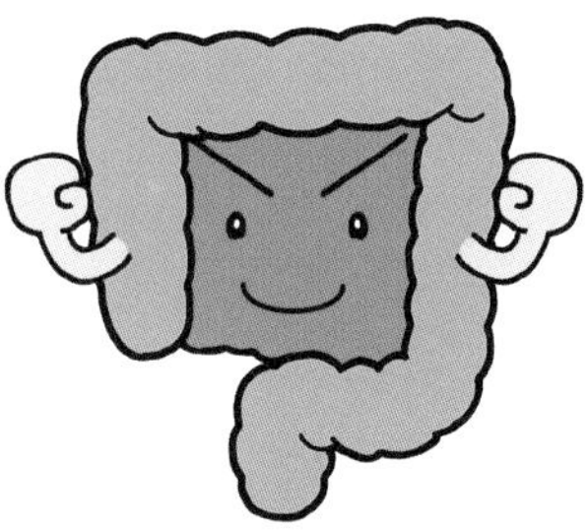

腸管を保護する働きがあるとされる腸粘膜のムチン（糖タンパク質）にはスレオニンが多く含まれ、その合成に欠かせない。胃腸を保護する働きがあるとされ、スレオニンの過剰摂取や不足によって、ムチンの産生が減[※1]少し、その結果、腸管はストレスを受ける。

主な食材＆摂取目安

鶏肉、さつまいも、栗、ゼラチンなど。1日の摂取量は成人男性（60kg）で900mgが目安。

バズーカメモ

スレオニンは免疫機能の維持に必須の成分である。腸には免疫細胞が集まっており、腸管免疫といわれる。また、スレオニンは免疫細胞として働くリンパ球の増殖と抗体を分泌する際のサポートとして使用され、腸管免疫の維持には欠かせない。

※1 Tang Q et al.,2021

タンパク質　必須アミノ酸

ヒスチジン

効果　エネルギー／構成材料／体内調節／筋力／スタミナ／疲労回復／その他

「ヒスチジン」は、ギリシャ語で「組織」という意味を持つアミノ酸。大人は体内で合成でき、子どもはできないことから、〝体内で合成できる必須アミノ酸〟という特殊な性質を持つ、発育期に不可欠な栄養素。ヒスチジンは体内で交感神経を刺激し、副交感神経を鎮める「ヒスタミン」の前駆体であり、外傷や薬などにより刺激が生じると、血管を拡張する作用がある。これにより、慢性関節炎の痛みやストレスが緩和されるのだ。

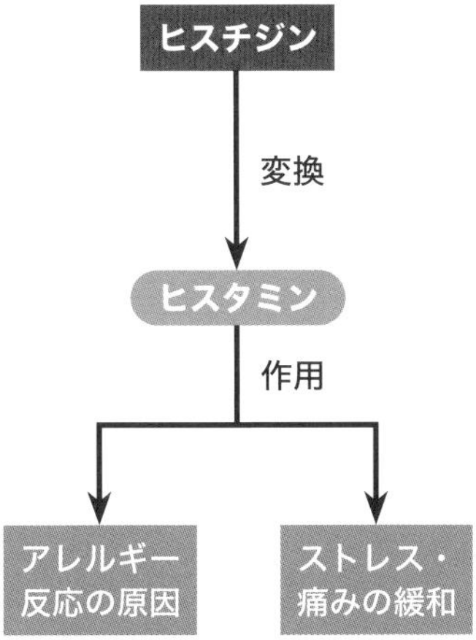

ヒスチジンのダイエット効果

ダイエット効果も！

ヒスチジンはヒスタミンに変換されることで交感神経機能に働きかけ、脂肪細胞においては脂肪燃焼を促進する効果があるとされる[※1]。また食欲を抑制する効果もあることから、近年はダイエット効果が期待されている。

主な食材&摂取目安

かつお、まぐろ、鶏肉、チェダーチーズなど。1日の必要摂取量は体重1kgあたり約10mg。

バズーカメモ

機能性食品の鶏肉エキス（イミダゾールジペプチド）は、「カルノシン」と「アンセリン」という2つの「ヒスチジン含有ジペプチド」が豊富。短時間の高強度サイクリング運動によるある研究では、ヒスチジン含有ジペプチドに運動パフォーマンス向上と倦怠感制御の効果があることが示唆された[※2]。

※1 Kasaoka S et al.,2004
※2 Barbaresi S et al.,2021

BCAAってなに?

筋肉の合成を促進する3つのアミノ酸

BCAAは、アミノ酸のうち、**「バリン」「ロイシン」「イソロイシン」の総称で、「分岐鎖アミノ酸(Branched-chain amino acids)」とも呼ばれます**。3つのアミノ酸が分子に分岐構造を持っていることが名前の由来です。BCAAは、人間の筋タンパク質中に約35%含まれており、必須アミノ酸の中でも筋肉の合成で重要な役割を果たしています。特にロイシンは筋合成を促進する酵素mTORC1を活性化すると考えられており（ロイシントリガー説）、アナボリックな観点（筋肥大）から重要です。また、BCAAは運動時のエネルギー源として使用されやすく、アンチカタボリックな観点（筋肉を減らさない）からも重要といえます。BCAAは、食事から摂取することももちろん可能ですが、トレーニング前〜中にかけてドリンクで飲む人が多いです。理想的な摂取バランスは、「バリン：ロイシン：イソロイシン＝1：2：1」といわれています。

BCAAと筋肥大効果

2年以上のトレーニング経験を持つ36名の男性を、「14gのBCAA」「28gのホエイプロテイン」「スポーツドリンクからの28gの炭水化物」を摂取する3グループに分け、週4日、8週間にわたり全身のトレーニングを行った実験[※1]があります。

その結果、BCAAグループは、他のグループよりも体重と除脂肪体重の増加、体脂肪率の大幅な減少が見られ、筋力においてもベンチプレス、スクワットともに高かったと報告されています。**BCAAの摂取は、プロテイン、炭水化物と比べても、筋力、筋肥大、除脂肪のすべてで効果が高い**ことがわかります。

このような報告は他にもあり、少なくとも筋肥大においては効果があるといえるでしょう。筋力の向上に

※1 Stoppani J et al.,2009

も期待ができそうです。

ＢＣＡＡとスタミナ向上

サイクリスト18名を対象に、ＢＣＡＡ摂取グループと、プラセボ（偽薬）摂取グループに分け、トレーニングを10週間実施した実験※2で、プログラム前後に、ウィンゲートテスト（全力で自転車を漕ぐテスト）、４kmのタイムトライアル、体組成を測定。その結果、ＢＣＡＡグループの平均ピークパワー、相対平均パワーが増加しており、持久性サイクリストのスプリントパフォーマンスの改善が見られています。

ただし他の研究においては、持久性の運動においてＢＣＡＡの補給に効果が表れないというものも多く、今後の進展を待つ必要があります。

ＢＣＡＡと筋肉の回復

つづいて、筋肉の回復効果を見ていきましょう。12名の男性を対象に、１００回連続のドロップジャンプを行わせ、運動後24、48、72、96時間にさまざまな数値を測定した実験※3があります。この結果では、ＢＣＡＡ摂取グループがプラセボ摂取グループと比べ、クレアチンキナーゼの流出、筋肉痛の減少、最大随意収縮の回復などで、有意な効果が表れています。この報告は、**「運動誘発性筋損傷（筋肉痛）」による筋機能の低下からの回復における、ＢＣＡＡの有効性**を示唆するものです。

糖質の摂取と組み合わせる

ＢＣＡＡの特性を考えると、糖質との同時摂取が有効だと考えられます。運動時にグリコーゲンが不足すると、エネルギーの不足を補うため、筋タンパク質の分解が起こります。これを防ぐためには、血中のＢＣＡＡを高めることが必要で、その摂取は重要ですが、そもそもグリコーゲンを不足させなければ、分解も抑えられると考えられるからです。重要になるのは、**トレーニング後にＢＣＡＡと糖質をなるべく早く摂取すること。また、トレーニング中の摂取も効果的**でしょう。

トレーニング時にＢＣＡＡを含むワークアウトドリンクを飲む場合、そこに糖質を加えることも可能です。Ｐ74で紹介したデキストリンの理論も踏まえ、糖質とＢＣＡＡをミックスしてみてください。

※2 Kephart WC et al.,2016
※3 Howatson G et al.,2012

タンパク質　必須アミノ酸

バリン

効果　エネルギー／構成材料／体内調節／筋力／スタミナ／疲労回復／その他

「BCAA（分岐鎖アミノ酸）」に分類される「バリン」は、筋肉中のタンパク質を合成する上で重要なアミノ酸。血液の窒素バランス（窒素出納）を調整したり、肝臓や筋肉に働きかけて身体の成長を促進したりする。激しい運動後に傷ついた筋肉を修復するなど、ボディメイクに関するさまざまな機能を備える。筋合成以外にも、肌のハリや弾力を保つ効果、食欲不振の改善効果などがある、ハイパフォーマンスなアミノ酸だ。

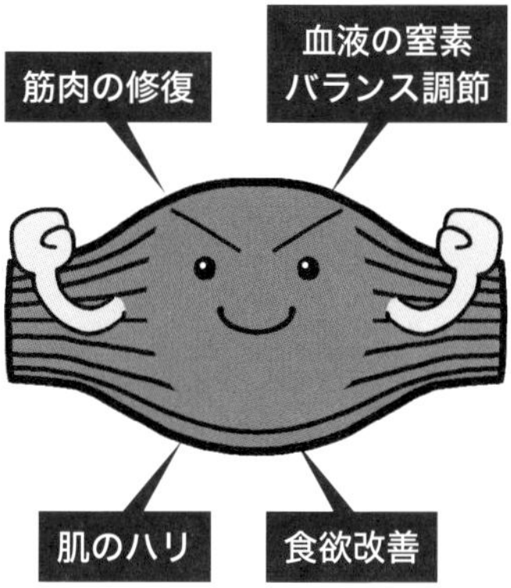

BCAAの1つ

肝機能の向上も期待できる

タンパク質の合成促進！

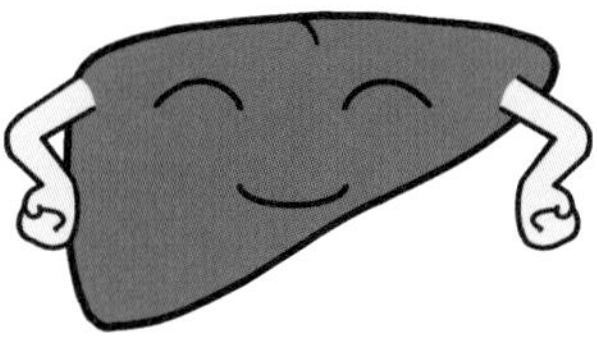

バリンはアンモニア代謝改善作用があり、肝機能の向上も見込める。また肝臓におけるタンパク質の合成が促されるため、肝硬変を改善する効果があるとされる。

主な食材＆摂取目安

まぐろ、かつお、あじ、さんま、肉類、など。BCAAを2,000mg以上摂取すると血中BCAA濃度が確実に増加。

バズーカメモ

筋肉は血液中に存在する窒素を取り込むことで成長するが、体内の窒素と、体外に排泄された窒素の量の差である「窒素バランス」が正常であることが条件だ。バリンは体外への放出（排泄）によりマイナスになった窒素バランスを調整し、プラスに変える。これは筋肉の分解よりも合成を上回らせることであり、筋の成長につながる。

タンパク質　必須アミノ酸

ロイシン

効果　エネルギー／構成材料／体内調節／筋力／スタミナ／疲労回復／その他

「ロイシン」は、「バリン」「イソロイシン」とともに「BCAA（分岐鎖アミノ酸）」に分類される。筋肉を構成するタンパク質の主成分であるBCAAの中でも、特にロイシンは筋合成の促進、筋分解を抑制する上で重要。筋タンパク合成において重要なmTORに対する活性化作用もある。また、インスリン分泌を増加させる作用により、ブドウ糖をエネルギーとして筋肉の細胞に取り込むのを助け、運動時の持久力・瞬発力を向上させてくれる。

BCAAの1つ

筋タンパク質合成量のカギを握るロイシン

レッグエクステンション

ロイシンの摂取量をグループごとに変え、トレーニング前後の筋タンパク質合成量を測定した研究[※1]では、6.25gのホエイプロテインと5.0gのロイシンを補給することで25gのホエイプロテイン摂取と同等に筋合成を上昇させた。

主な食材＆摂取目安

まぐろ、かつお、あじ、さんま、肉類、卵など。BCAAを2,000mg以上摂取すると血中BCAA濃度が確実に増加。

バズーカメモ

スピーディーかつ効率的なタンパク質摂取の方法として、バランスの取れた「必須アミノ酸（EAA）」（P110）に加え、700～3,000mgのロイシンが、筋合成を刺激するのに効果的とされる[※2]。トレーニング中にEAAを飲む際は、ロイシンを加えるとより良いだろう。

※1 Churchward-Venne TA et al.,2014
※2 Kerksick CM et al.,2018

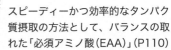

タンパク質　必須アミノ酸

イソロイシン

効果　エネルギー／構成材料／体内調節／筋力／スタミナ／疲労回復／その他

「BCAA（分岐鎖アミノ酸）」の1つ「イソロイシン」は、運動時のエネルギー補給としてスポーツサプリメントなどに配合されるアミノ酸。神経系の働きを助ける他、血管や肝機能を向上させる。また、骨格筋への「ブドウ糖（グルコース）」の取り込みを増加させる働きがあり、肝臓では、糖新生を抑制し血糖値を低下させるため、肝臓と骨格筋のエネルギー状態を改善し、さらにインスリン抵抗性を改善する可能性もある[※1]。

BCAAの1つ

甲状腺ホルモンと代謝促進

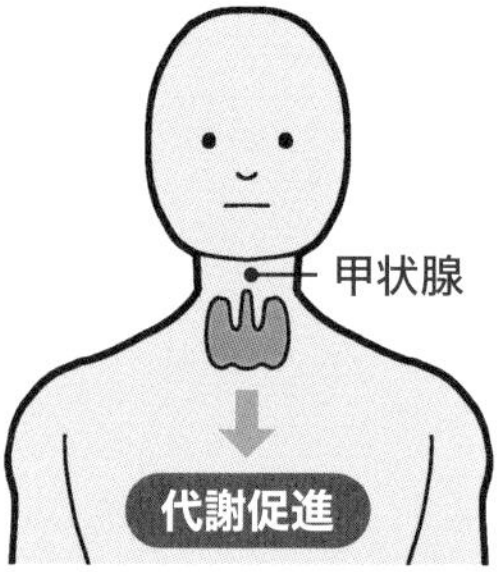

イソロイシンは、全身の細胞に作用することで「甲状腺ホルモン」の分泌を促し、除脂肪を後押ししてくれる。甲状腺ホルモンは代謝を促進する働きを持つためだ。

主な食材&摂取目安

まぐろ、かつお、あじ、さんま、肉類、卵など。BCAAを2,000mg以上摂取すると血中BCAA濃度が確実に増加。

バズーカメモ

イソロイシンとプロリン（P118）の組み合わせは、血圧を改善させる効果が期待できる。アミノ酸であるイソロイシンと2つのプロリンが組み合わさった成分で「IPP」とも呼ばれる。日本人を対象にした研究で[※2]、IPPを摂取したグループは収縮期血圧を5.63mmHg低下させる効果も報告されている。

※1 吉澤史昭.,2014
※2 Chanson-Rolle A et al.,2015

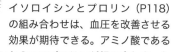

岡田隆の
バズーカ
コラム

運動時のアミノ酸摂取

運動後のアミノ酸摂取は いつまでに？

1つでも欠けては十分に筋肉を合成できないほど、トレーニングで重要になる必須アミノ酸（ＥＡＡ：Essential Amino Acids）。その摂取タイミングは、いつが適切なのでしょうか。

男女6名を対象に、レジスタンス運動（筋肉に負荷をかける運動）を行い、運動の1時間後と3時間後、サプリメント飲料（必須アミノ酸6g、ショ糖35g）とプラセボ飲料を、それぞれ摂取させた実験[※1]があります。筋タンパク質合成の指標とされる「フェニルアラニン」を計測したところ、プラセボ摂取グループは1時間後、3時間後ともに増加は見られず、サプリメント摂取グループは、摂取前やプラセボ摂取グループと比較して、両方で有意に増加しました。一方、1時間、3時間の数値はさほど変わらず、同様の筋タンパク質の同化反応が起こっています。

この研究が示すのは、**運動後の筋タンパク質合成は、必須アミノ酸を摂ることで効果が増大しますが、**運動直後に摂取するのが良いと考えられるものの、焦って無理やり摂る必要はないともいえます。

運動前と運動後は、どちらが正解？

運動前後のアミノ酸摂取効果を比較した研究も多数あります。ある研究[※2]では、血中のフェニルアラニン濃度が運動前において有意に増加したという報告があります。しかし、その他のエビデンスでは、運動の前後に大きな差は出なかったものが多いです。現段階では、さらなる調査を待つ必要があるといえるでしょう。

むしろ重要なのは、常にアミノ酸濃度を高めておくこと。常に代謝していることから、トレーニングの前・中・後に限らず、**途切れることなく摂りつづけるのが理想**です。

※1 Rasmussen BB et al.,2000
※2 Schoenfeld BJ et al.,2013＆2017

岡田隆のバズーカコラム

プロテインパウダー、ペプチド、EAA、BCAAを考える

EAAとは何か?

　近年最も人気のサプリメントの1つに「EAA」があります。**必須アミノ酸を表す「Essential Amino Acids」の略であり、9つの必須アミノ酸すべてを摂取できるサプリメント**のことです。プロテインのように粉末で販売されており、水に溶かしてワークアウトドリンクとして飲むことができます。9つの必須アミノ酸はすべて揃っていないと、十分に摂取できないという性質があり、食事において、脂質や糖質を増やさずに十分な必須アミノ酸を揃えるのは至難の業です。そこで、サプリメントとしてバランスが取れたプロテインパウダー、ペプチド、そしてEAAが効果を発揮します。

EAAの筋肥大効果

　この前提に立つと、プロテインでも同様の効果なのではないかと感じるかもしれません。しかし、トレーニングにおいて**スピーディーなタンパク質補給を実現するためには、消化・吸収のプロセスを短縮する必要があり、低分子であり最小単位のアミノ酸に分解されている点で、EAAは優位**です。筋肥大を刺激するには6~12gの完全な必須アミノ酸の摂取に加え、最低2gの「ロイシン」の摂取が必要ということが明らかになりつつあります。

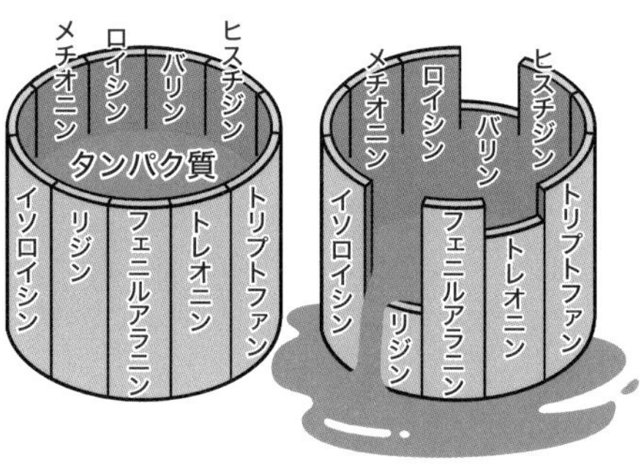

　研究※1を1つ見てみましょう。16名を「高用量EAA（ホエイプロテイン含む）」「低用量EAA（ホエイプロテイン含む）」「ホエイプロテイン

※1 Park S et al.,2020

パウダーのみ」の摂取グループに分け、筋タンパク質の合成と分解およびバランス、筋タンパク質合成速度を計測。その結果、高用量ＥＡＡで最大の反応を示し、高用量および低用量のＥＡＡは、ホエイプロテインパウダーのみよりも、それぞれ約６倍および３倍のタンパク質同化作用が見られています。**ホエイプロテインと組み合わせたＥＡＡは、非常に筋肥大効果が高い**といえそうです。

ＢＣＡＡ対ＥＡＡ

ＢＣＡＡは、ＥＡＡのうちバリン、ロイシン、イソロイシンという３つのアミノ酸に絞ったサプリメントですが、比較されることが多いので解説しておきます。

まず、国際オリンピック委員会は、ＢＣＡＡの摂取に関して具体的に言及しておらず、ＩＳＳＮ（国際スポーツ栄養学会）は、筋タンパク質合成を最大化するためにＢＣＡＡは最適ではないと報告しています。

また、ＢＣＡＡがトレーニング後の筋合成を刺激するものの、他の必須アミノ酸がない場合、ＥＡＡの摂取以上に合成を強化しないことを強調する論文※2があります。さらに、ＢＣＡＡの栄養補助食品だけでは、筋合成の増加率をサポートできないと断定する論文※3も。少なくともＢＣＡＡはＥＡＡに劣ると考えられそうです。ＥＡＡのうち３つのアミノ酸に絞っているのですから、当然といえば当然です。**ＢＣＡＡは、トレーニング中のアンチカタボリック（筋肉の減少を抑える）と、筋トレ後の筋合成スイッチ。ＥＡＡは筋肉の材料、と考えましょう。**

ペプチドの活用方法

プロテインパウダーとＥＡＡの間の「中途半端なもの」と誤解されそうな「ペプチド」（Ｐ１２８）。その活用法はなんでしょうか？ アミノ酸２つでできるジペプチド、３つでできるトリペプチド。実はアミノ酸と同じく、**速やかに体内に吸収できる**のです。そして、ＥＡＡと違って、非必須アミノ酸も摂取できるというプロテインパウダーのようなメリットも。**ＥＡＡとプロテインパウダーのいいとこ取りをしたのがペプチド**ともいえますが、ジペプチドやトリペプチドを多く含む低分子ペプチドは市場に少なく、また味に特徴があるという弱点があります。現在、私が鋭意開発中ですのでご期待ください。

※2 Santos CS et al.,2019
※3 Wolfe RR et al.,2017

タンパク質　非必須アミノ酸

アルギニン

効果　エネルギー／構成材料／体内調節／筋力／スタミナ／疲労回復／その他

成長ホルモンの分泌促進や、血管を拡張させ血流量を増やす作用があるとされる「アルギニン」。血管の壁は内・中・外膜の３層から構成され、内側の膜には「内皮細胞」があるが、内皮細胞は「一酸化窒素」をスイッチにして血管を拡張させる。アルギニンには、この一酸化窒素の産生を促進する作用があるため、血管が拡張するのだ。トレーニング時の血流量が増えることは、必要な栄養、酸素、水などを多く運搬できるため、筋合成の促進に役立つと考えられる。

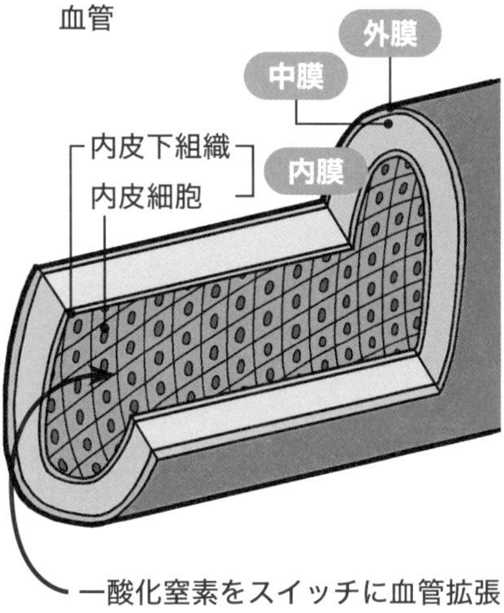

アルギニンと筋肥大

賛否あり。

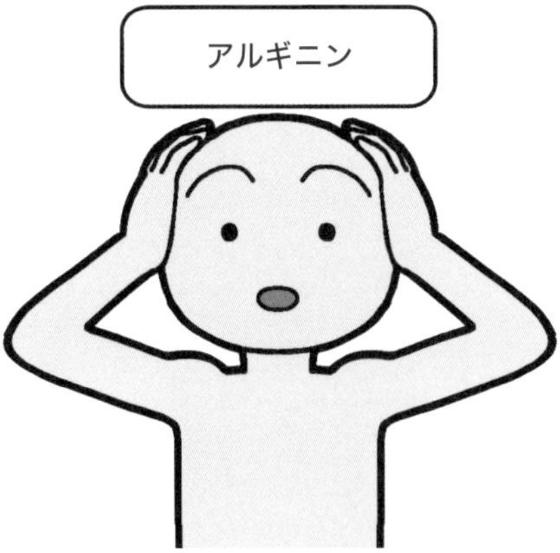

筋肥大に好影響

成長ホルモンの分泌増加と、血管拡張による血流増加から筋肥大に好影響を与えるとされ、強いパンプ感を求めるトレーニーには広く認知されており、人気も高いアルギニン。しかし現時点で、国際[※1]スポーツ栄養学会は、アルギニンの「効果や安全性を裏づけるエビデンスがほとんどない」とし、現状では賛否両論のある栄養素だ。

※１ Kerksick CM et al.,2018

アルギニンと倦怠感

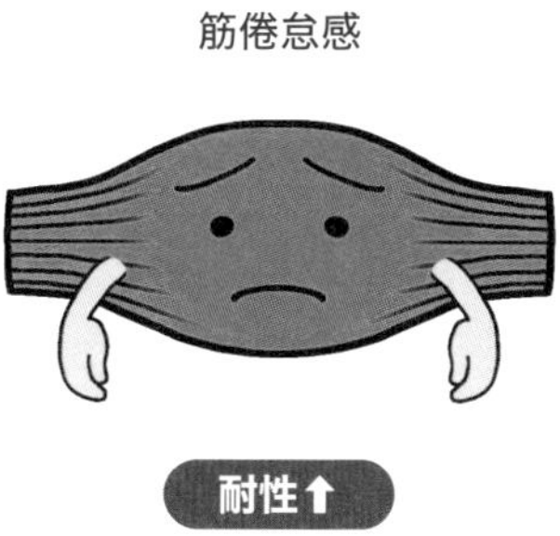

健常男性12名に、15日間、毎日３gのアルギニンを投与し、筋力測定、筋倦怠感に対する耐性を評価するテストを実施したところ、筋倦怠感に対する有意な耐性が見られた報告[※2]もある。

主な食材&摂取目安

大豆、うなぎ、にんにくなど。効果的に機能するには1日 2,000～4,000mg以上の摂取が必要とされる。

バズーカメモ

未知な部分の多いアルギニンだが、健康な被験者を対象にした研究[※3]に加え、心血管系の問題を抱える被験者の調査[※3]もある。この調査においてアルギニンの経口摂取を受けた被験者らには、運動能力に有益な効果をもたらしている。

アグマチンとは？

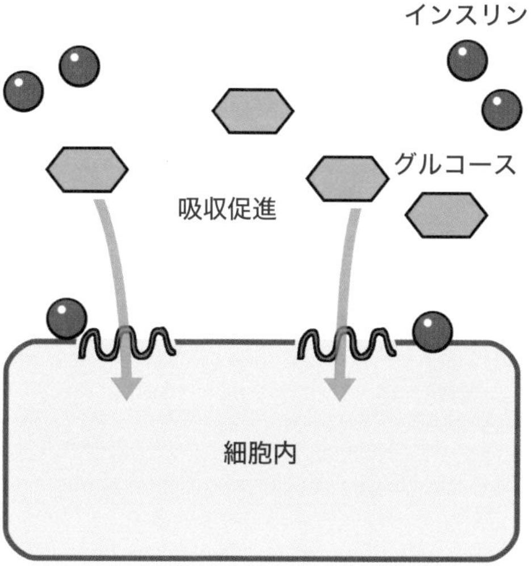

アルギニンの脱炭酸化生成物である「アグマチン」は、インスリンの放出とグルコース取り込みを改善し、一酸化窒素のシグナル伝達経路に影響を与えて神経伝達に関与する可能性があると考えられている[※4]。しかし現在のところ筋肉の合成に関与するエビデンスは少なく、新たな知見の報告を待ちたい。

※2 Santos R et al.,2002
※3 Bednarz B et al.,2004
※4 Laube G et al.,2017

タンパク質　非必須アミノ酸

グリシン

効果　エネルギー／構成材料／体内調節／筋力／スタミナ／疲労回復／その他

非必須アミノ酸の1つ「グリシン」は、アミノ酸の中でも最も小さく、単純な構造を持つことが特徴。体内では「セリン」や「スレオニン」から合成される。胃液の分泌や制御、ミネラルの吸収、血色素成分の生産をサポートする。また「コラーゲン」の約3分の1を占めることから、肌や関節、腱にも関与するほか、睡眠に入りやすくし、睡眠の質を高める効果があるとされる。

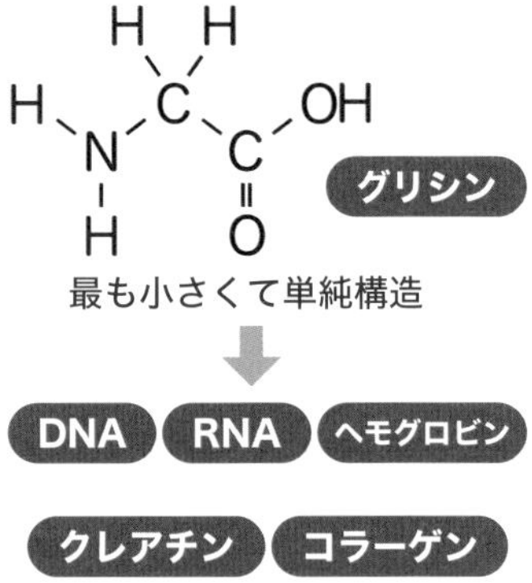

高機能素材の1つ

睡眠の質を改善

体温の低下は入眠時に必要であり、深い睡眠では体温は低くなる。ラットへのグリシンの経口投与では、中核体温の有意な低下を誘発することが報告[※1]されている。そのためグリシンは、睡眠の質を向上させる効果があるとされる。

主な食材＆摂取目安

肉類、ゼラチン、ホタテ、かに、えびなど。サプリメントの場合、1日あたり3,000mgを目安にした摂取が推奨される。

バズーカメモ

多くの現代人が悩む不眠症は、ボディメイクの大敵だ。睡眠が制限された被験者の日中の眠気、倦怠感などをアンケート形式で評価したところ、グリシン摂取によってすべてにおいて改善が見られたとする報告[※2]もある。睡眠の質に悩む人は、就寝前にサプリメントなどで摂取すると良いだろう。

※1 Bannai M et al.,2012
※2 Bannai M et al.,2012

タンパク質　非必須アミノ酸

グルタミン

効果　エネルギー / 構成材料 / 体内調節 / 筋力 / スタミナ / 疲労回復 / その他

「グルタミン」は、人間の骨格筋に貯蔵される「遊離アミノ酸」の約６割を占める、体内で最も多いアミノ酸。タンパク質の分解を抑えてくれることから、筋肉を維持する代表的な栄養素となる。また、トレーニング後のグリコーゲンの回復を促進する作用や、血中のグルタミン濃度を維持することで、持久運動のパフォーマンスを向上させる作用なども[※1]示唆されている。小腸ではエネルギーとして利用され、免疫機能を高める効果もあり、風邪などの予防も期待される。

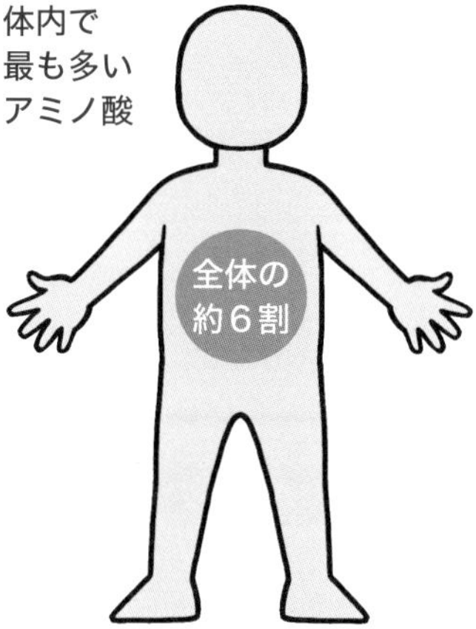

トレーニング中におけるグルタミン摂取

グルタミン
＋
BCAA
＋
ホエイプロテイン

併用摂取
↓
筋量増加UP

トレーニング中のグルタミン摂取において有意な筋肉量の増加が認められた一方で、国際スポーツ栄養学会[※2]は、筋肥大やパフォーマンス向上に寄与する可能性は低いと述べている。しかし、わずかながらもトレーニングによる筋力増強、筋肥大の効果に寄与したという[※3]報告もある。

主な食材&摂取目安

肉、魚、卵、大豆など。推奨摂取量は１回あたり5gとされ、１日あたりの上限摂取量は40gまでとされる。

バズーカメモ

グルタミンによる免疫機能の向上は１日0.2g／kg以上の摂取で得られる可能性が示唆されている[※4]。他にも腸粘膜の構造や機能維持に寄与していることが[※4]示唆されているため、体調管理の目的として摂取することは有益かもしれない。

※1 Suzuki Y.,2011
※2 Colker CM et al.,2000
※3 Kerksick CM et al.,2018
※4 Ramezani Ahmadi A et al.,2019

タンパク質　非必須アミノ酸

グルタミン酸

効果　エネルギー／構成材料／体内調節／筋力／スタミナ／疲労回復／その他

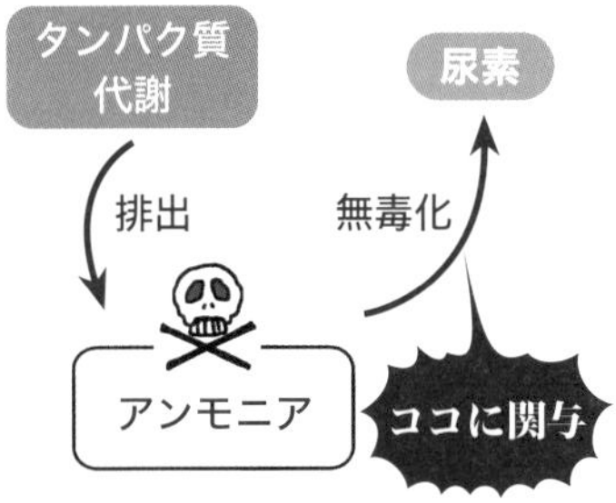

興奮系の神経伝達物質として働く非必須アミノ酸の「グルタミン酸」は、タンパク質の代謝産物でもある有害なアンモニアをとらえ、「グルタミン」を合成することでアンモニアを無毒化。アンモニアを含む尿の排出を促進する機能を持つ。

主な食材&摂取目安

昆布などの海藻類、白菜、緑茶、トマトなど。

バズーカメモ

グルタミン酸は、筋肉や免疫力を強化するタンパク質を構成する働きを持つ。うま味物質としても有名で、調味料などにも含まれる。

タンパク質　非必須アミノ酸

セリン

効果　エネルギー／構成材料／体内調節／筋力／スタミナ／疲労回復／その他

潤い肌

非必須アミノ酸の「セリン」は、リン脂質やグリセリン酸の原料となる。肌の角質層に最も多いアミノ酸で、潤いを保つ効果がある。また、神経細胞の材料となり、健康な脳の機能を維持する働きもある。

主な食材&摂取目安

大豆、卵、魚類、肉類など。セリンの平均摂取量は、男性3.81g／日、女性3.24g／日と報告されている。

バズーカメモ

男子学生15名に就寝前にL-セリンを3g摂取させた状態と摂取させていない状態で、起床時に、体内時計の指標となるメラトニン分泌を測定[※1]。結果、L-セリンを摂取したほうが、メラトニンの分泌開始時刻が早められ、体内時計の調整力を強めていることが明らかに。L-セリンの摂取は不眠の改善など、幅広い応用が期待できる。

※1 Yasuo S et al.,2017

タンパク質　非必須アミノ酸

アスパラギン

効果　エネルギー／構成材料／体内調節／筋力／スタミナ／疲労回復／その他

アスパラから発見されたアミノ酸

「アスパラギン」は、アスパラガスから発見されたことから命名された非必須アミノ酸。アスパラギンを加水分解し、アンモニアを遊離するとアスパラギン酸に変換される。アスパラギン酸は有酸素系のエネルギー代謝「クエン酸回路」に関与しており、効率的なATP産生には欠かせない栄養素。疲労回復やスタミナ向上に効果を発揮する。アミノ酸の代謝産物で有害なアンモニアを尿素に変換する作用にも関係する。

主な食材&摂取目安

アスパラガス、大豆もやし、さとうきび、肉類など。

バズーカメモ

アスパラギンは「ブドウ糖（グルコース）」の生成を促進する。不足するとエネルギーをうまく供給できなくなるので注意しよう。

タンパク質　非必須アミノ酸

アスパラギン酸

効果　エネルギー／構成材料／体内調節／筋力／スタミナ／疲労回復／その他

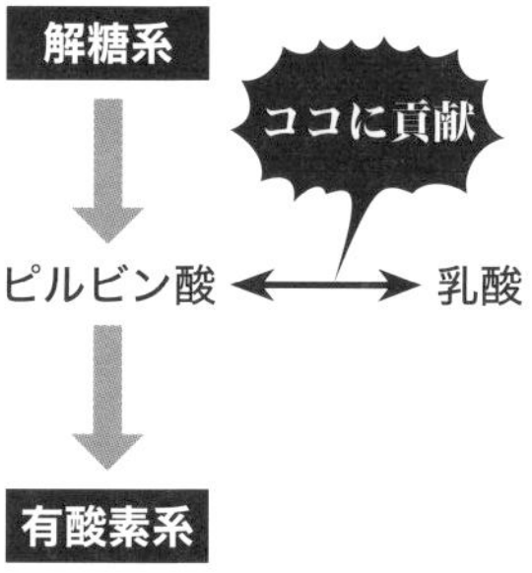

「アスパラギン」を加水分解して生成される「アスパラギン酸」は、アスパラガスに多く含まれるアミノ酸の一種。アスパラギン酸とアンモニアが酵素「アスパラギンシンテターゼ」により生成されるのがアスパラギンである。エネルギー生成の促進、毒性を持つアンモニアの排出、興奮系の神経伝達物質といった働きを持つほか、クエン酸回路に働きかけ乳酸の分解を促進することから、疲労の回復にも効果がある。

主な食材&摂取目安

アスパラガス、大豆もやし、さとうきび、肉類など。

バズーカメモ

アスパラギン酸の補給が、筋グリコーゲン濃度を高め、高脂肪食ラットのインスリン感受性の低下を抑制したとする研究[※1]がある。

※1 Lancha AH, Jr et al.,2009

タンパク質　非必須アミノ酸

チロシン

効果　エネルギー／構成材料／体内調節／筋力／スタミナ／疲労回復／その他

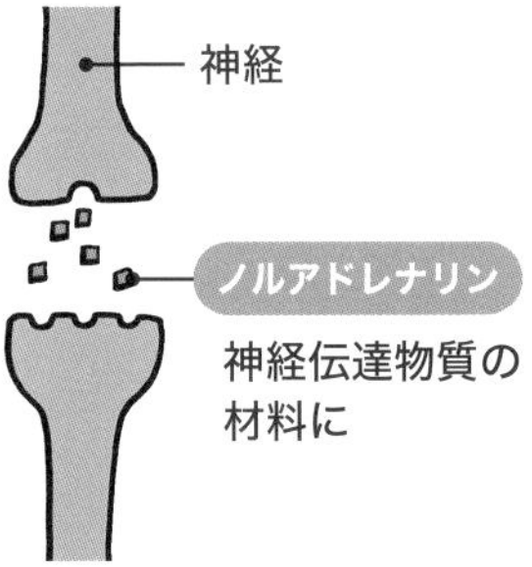

「チロシン」は、必須アミノ酸の「フェニルアラニン」から合成される。「アドレナリン」「ノルアドレナリン」「ドーパミン」など興奮系の神経伝達物質の材料になり、抑うつ症状を緩和する効果がある。また、代謝や自律神経の働きを調節する「甲状腺ホルモン」、髪や皮膚の黒色色素「メラニン」などの材料となる。メラニンの材料であることから、過剰摂取はシミやそばかすの原因にもなる。

主な食材&摂取目安

バナナやアボカドなどの果物、肉類、魚類。摂取基準は定まっていない。

バズーカメモ

アドレナリンなどの原料となるため、集中力を保つのにも効果的。チロシンは糖分と一緒に摂取すると吸収が良くなるとされる。

タンパク質　非必須アミノ酸

プロリン

効果　エネルギー／構成材料／体内調節／筋力／スタミナ／疲労回復／その他

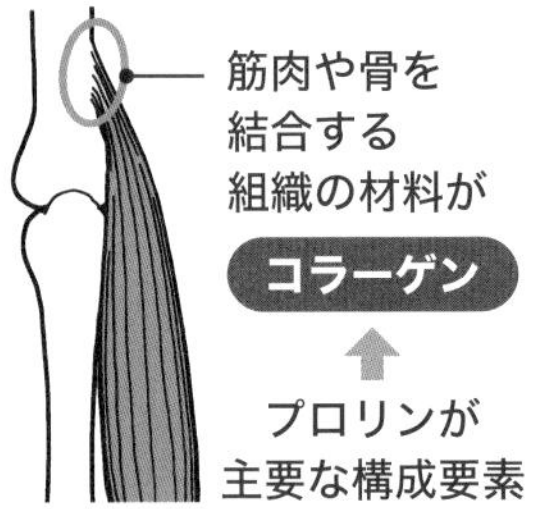

「プロリン」は「グルタミン酸」からつくられる非必須アミノ酸。「コラーゲン」の主要な構成要素であるアミノ酸の１つで、皮膚細胞の増殖による美肌効果、軟骨の新陳代謝の活発化による関節痛の軽減に効果があると考えられる。プロリンは皮膚に潤いをもたらす天然保湿成分として最も重要なアミノ酸の１つで、高い保湿作用がある。

主な食材&摂取目安

ゼリー、マシュマロ、焼き麩、湯葉、高野豆腐など。摂取基準は定まっていない。

バズーカメモ

コラーゲン由来のジペプチド（プロリンを含む）は、肌の弾力に欠かせないヒアルロン酸を増加させると考えられる[※1]。

※1 Ohara H et al.,2010

タンパク質　非必須アミノ酸

アラニン

効果　エネルギー／構成材料／体内調節／筋力／スタミナ／疲労回復／その他

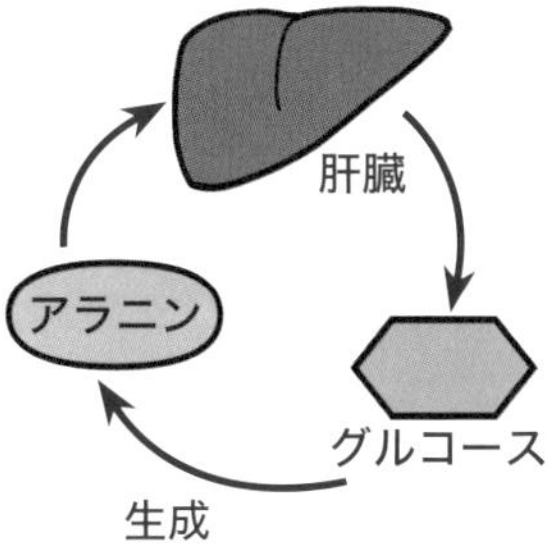

「アラニン」はアルコールの分解を促進することで知られるアミノ酸。肝臓の解毒機能を司る「オルニチン回路（尿素回路）」の働きを助ける。また、「ブドウ糖（グルコース）」を分解してエネルギーを供給する運動時に、体内で生成されることが特徴だ。生成されたアラニンは肝臓へ移動し、再びグルコースをつくるために利用されることから、アラニンを摂取することでエネルギーを持続的に供給でき、長時間の運動が可能になる。

主な食材&摂取目安

肉類、魚類、大豆、小麦タンパクなど。摂取基準は定まっていない。

バズーカメモ

α-アラニンはタンパク質の構成成分。β-アラニンは主に筋肉中に存在し、補酵素と結びついて神経伝達物質として機能する。

タンパク質　非必須アミノ酸

システイン

効果　エネルギー／構成材料／体内調節／筋力／スタミナ／疲労回復／その他

非必須アミノ酸の「システイン」は、必須アミノ酸の「メチオニン」から変換される。２つのシステインが結合することで、含硫アミノ酸の「シスチン」となり、激しい運動後の不調を予防するとされている。
システインの摂取は、髪や爪の強化、皮膚の新陳代謝の促進、メラニンの排出などの効果を期待できる。さらに肝臓ではアルコールを分解する作用があるため、二日酔い改善効果も期待できる。

主な食材&摂取目安

レバーなどの肉類、魚類、鶏卵、にんにく、玉ねぎ、ブロッコリー、芽キャベツなど。摂取基準は定まっていない。

バズーカメモ

激しい運動後は免疫力が低下し、感染症リスクが高まるため、シスチンとテアニンの摂取による免疫機能低下の抑制が[※1]効果的。

※1 Miyagawa K et al.,2008

タンパク質　　その他アミノ酸

タウリン

効果　エネルギー／構成材料／体内調節／筋力／スタミナ／疲労回復／その他

「タウリン」はイオウを含んだ「含硫アミノ酸」の1つで、体内で合成することができる。体内における全タウリン量の50〜80％は筋肉に存在するといわれる。骨格筋細胞へのダメージや酸化ストレスを軽減する効果が確認されており、栄養ドリンクでも耳にしたことがあるだろう。肝機能を強化し、代謝や解毒、胆汁の生成を助けてくれる。体内に入るアルコールや薬、食品添加物、体内で生成したアンモニアなどを分解、無毒化し、尿や便として体外に排出する作用がある。

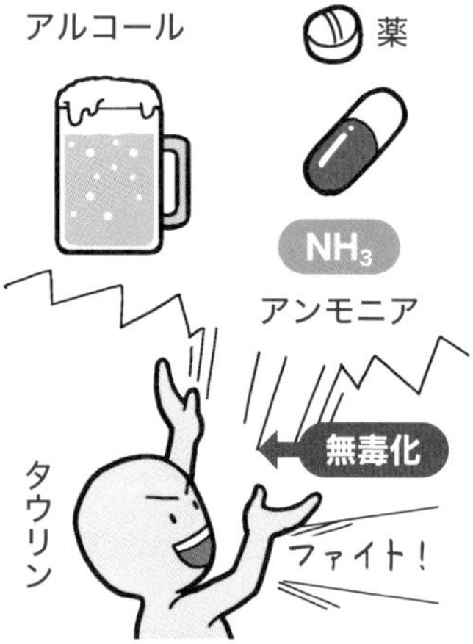

コレステロール値を下げる効果

タウリンの摂取はコレステロール値を下げる効果があるとされる。胆汁の生成に必要な「胆汁酸」はコレステロールが必要だが、タウリンが胆汁酸の必要量を増加させ、コレステロールが消費されるからだ[※1]。

主な食材＆摂取目安

かき、あさり、しじみ、ホタテ、はまぐり、かに、いか、あじ、さばなど。一般的には1日500〜2,000mg程度の摂取が推奨される。

バズーカメモ

タウリン0.05g摂取により酸化ストレスが軽減され、筋疲労が抑制されると報告[※2]されている。しかし筋損傷や筋疲労の軽減効果は、摂取量や摂取タイミングなどにより研究結果が異なるため、さらなる研究が必要である。

※1 Zulli A.,2011
※2 Chen Q et al.,2021

タンパク質　その他アミノ酸

HMB

効果　エネルギー／構成材料／体内調節／筋力／スタミナ／疲労回復／その他

「HMB（β-ヒドロキシβ-メチル酪酸）」は、「BCAA（分岐鎖アミノ酸）」の1つである「ロイシン」の代謝物。筋肉の合成を促進し、分解を抑制することに加え、脂肪を減少させる働きが期待される。ロイシンから体内合成されるものの、日々の生活で摂取するのは困難であり、サプリメントで直接摂取する方法もある。もともとは体内で生成される成分であることから有害な物質ではなく、人体に悪影響を及ぼす可能性は低いといわれている。

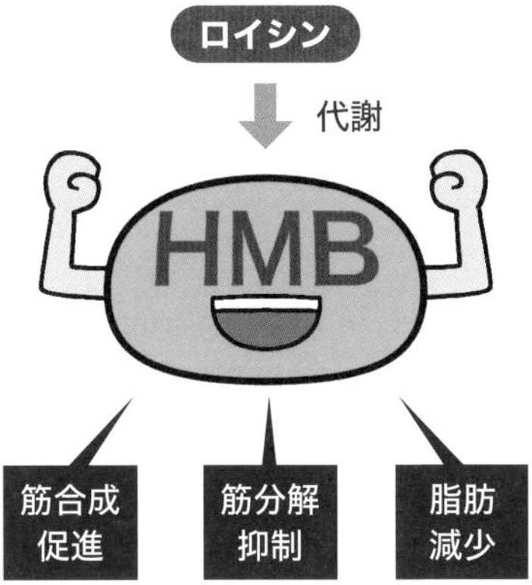

HMBとトレーニング効果

HMBはトレーニングにおけるパフォーマンス向上が期待されており、実際に筋力や除脂肪量（≒筋量）、有酸素能力の増加、等速性トルク（≒筋力）発揮の改善など、多くの研究でプラス効果が表れている。しかし、その効果はトレーニング経験者にはわずかと考えられている[※1]。

主な食材&摂取目安

ロイシンが多く含まれる、まぐろ、かつお、あじ、さんま、牛肉、鶏肉、卵、大豆、チーズなど。1日あたり3gの摂取が適量とされる。

バズーカメモ

研究対象となる物質に若干の違いが見られる（カルシウム塩由来の「HMB-Ca」や遊離酸由来の「HMB-FA」）など、効果が十分に実証されていない栄養素でもある。

※1 Sanchez-Martinez J et al.,2018

タンパク質　その他アミノ酸

シトルリン

効果　エネルギー／構成材料／体内調節／筋力／スタミナ／疲労回復／その他

「シトルリン」は「遊離アミノ酸」の一種で、アルギニンの前駆体であることから同様の効果を持つ。血管を拡げる「一酸化窒素」を体内でつくる際に機能し、血流が改善することから、むくみや冷えの改善、新陳代謝の向上などの効果が期待される。一酸化窒素は運動時のパフォーマンスにも影響し、運動後の筋肉痛を抑制する効果もあるとされている。その他、アンモニアを尿素に分解し、体外へと排出することから、疲労の回復にも効果がある。

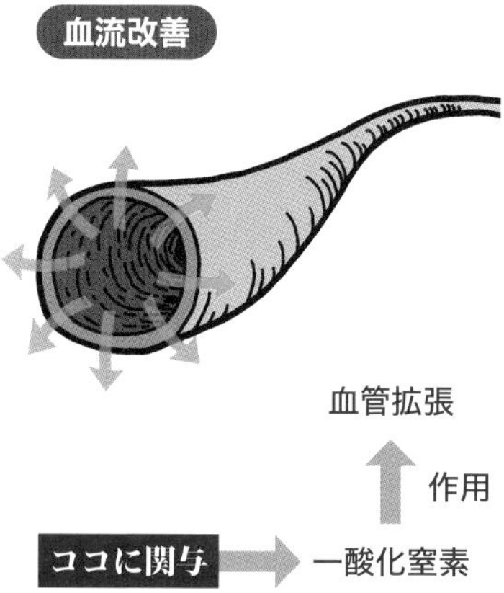

シトルリンと運動パフォーマンス

シトルリンの研究[※1]では、持久系能力の向上、レジスタンストレーニングの筋力向上を報告しているものがある。しかし、これらの効果がシトルリンだけに起因するのかは未だ不明であり、今後も検証の余地があるだろう。

主な食材＆摂取目安

スイカ、メロンなど、ウリ科の植物。1日の摂取量は800mg 程度が推奨される。

バズーカメモ

多くのアミノ酸はタンパク質として人間の体内に存在し、血管や内臓、皮膚、筋肉などを構成する。一方、タンパク質を構成せず、バラバラの状態で血管を巡りながら、必要に応じて即座に機能するのが「遊離アミノ酸」だ。

※1 Kerksick CM et al.,2018

タンパク質　その他アミノ酸

β-アラニン

効果　エネルギー／構成材料／体内調節／筋力／スタミナ／疲労回復／その他

「β-アラニン」は非必須アミノ酸の1つで、その他のアミノ酸と異なり、体内で他のタンパク質の合成に使用されないことが特徴。「ヒスチジン」と結びつくことで、骨格筋に蓄えられているペプチド「カルノシン」を産生する。4〜6gのβ-アラニンを28日間にわたり経口摂取することで、カルノシン濃度の増加に効果的であることが示されている[※1]。また、筋力トレーニング時の重量向上やトレーニング後の疲労改善に効果があるといわれている[※2]。

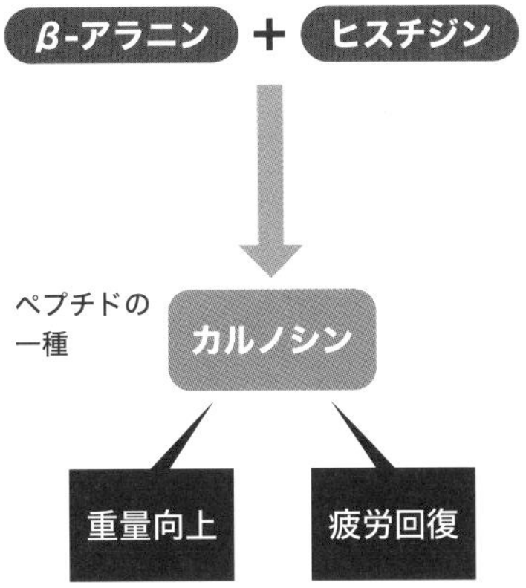

高重量トレーニングに効果あり？

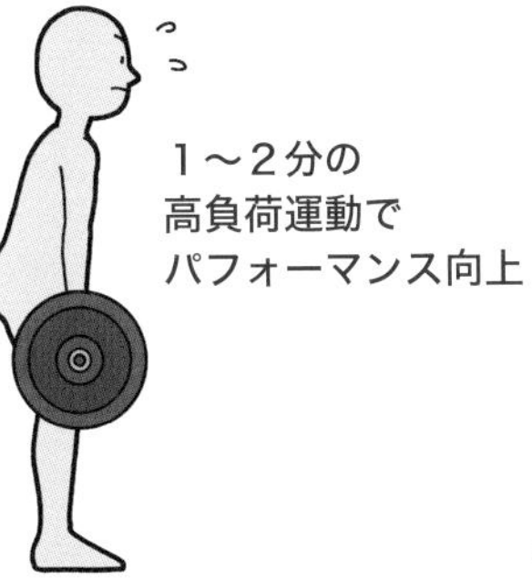

1〜2分程度の高負荷な運動において、β-アラニンがパフォーマンスを向上させるといった研究[※3]や、β-アラニンにクレアチンに加えると、クレアチン単独よりもパフォーマンスが向上することを示す研究[※4]がある。

主な食材&摂取目安

牛や豚のレバー、しじみやあさりなどの貝類など。1日の摂取量の目安は2〜3g。

バズーカメモ

β-アラニンの摂取から数分後、手のひらなどの肌がピリピリとする「β-アラニンフラッシュ」が生じるが、これはβ-アラニンの特徴で、健康上の問題はないとされている。β-アラニンフラッシュの程度には個人差があるが、摂取を複数回に分けることで症状を抑えられるようだ。

※1 Harris RC et al.,2006
※2 Hoffman JR et al.,2008
※3 Trexler ET et al.,2015
※4 Hoffman J et al.,2006

タンパク質　その他アミノ酸

コラーゲン

効果　エネルギー／構成材料／体内調節／筋力／スタミナ／疲労回復／その他

「コラーゲン」はタンパク質の一種で、身体を構成するタンパク質全体の約30％を占める成分。また、腱のほとんどは、繊維質であるコラーゲンからなり、筋収縮して腱が伸びると、コラーゲンを合成するように代謝が促進され、腱の肥大も確認されている[※1]。また、骨や軟骨、皮膚、内臓の内側にある「結合組織」において、主に細胞や組織を結びつける役割を果たしている。

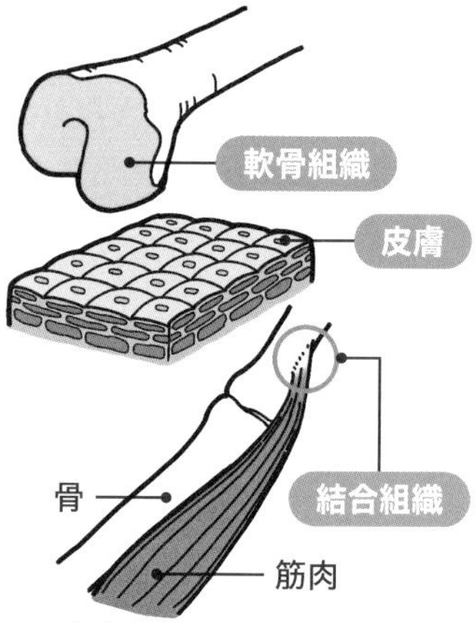

全体の約 30%を占める

コラーゲンの万能的パフォーマンス

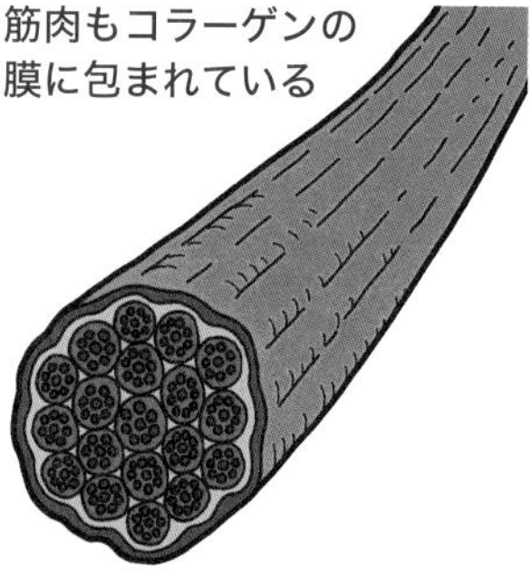
筋肉もコラーゲンの膜に包まれている

肌にハリや弾力を与え、しわやたるみを防ぐことがコラーゲン摂取の代表的な効果だが、関節痛の緩和、爪や髪の強化、筋肉量の増加、創傷の治癒、歯周病の予防、血圧や血糖値の調整など、さまざまな効果が期待されている。

主な食材＆摂取目安

モツ、フカヒレ、手羽先など。１日の摂取推奨量は5,000～10,000mg。

バズーカメモ

近年では、コラーゲンペプチドの摂取により筋肥大の促進が認められ、またトレーニング後の筋肉痛緩和に寄与しているといった報告[※2]も。特に、分子量の小さいコラーゲントリペプチドやジペプチドは、消化不要で速やかに吸収され、かつコラーゲンの最小単位として体内で利用されるため、効果的な摂取形態と言える。

※1 Kjaer M.,2004
※2 Kirmse M et al.,2019

タンパク質　その他アミノ酸

カルニチン

効果　エネルギー／構成材料／体内調節／筋力／スタミナ／疲労回復／その他

アミノ酸の一種「カルニチン」は、体内では必須アミノ酸の「リジン」と「メチオニン」を材料として肝臓で合成される。遊離アミノ酸の「L-カルニチン」は脂肪酸を運搬する働きがあるため、十分に補給することで体内にたまった脂肪をエネルギーとして燃焼する効果を持つと考えられている。α-リポ酸（P161）と摂取すると相乗効果が高まるため、2つを混合したサプリメントも存在する。

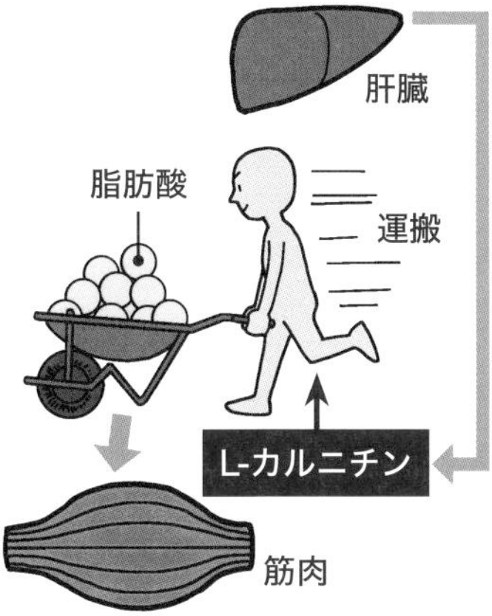

心臓の筋肉とカルニチン

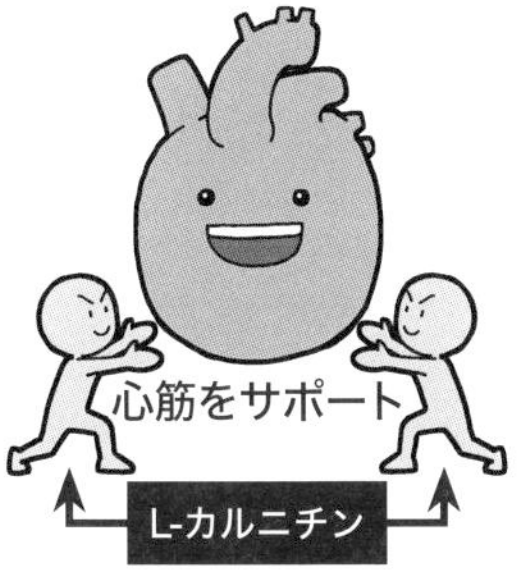

心臓に対するL-カルニチンの働きの研究[※1]で、心筋が動くエネルギーを産出する際、L-カルニチンが関わっていることが明らかになった。心臓への血流が制限される虚血性心疾患や末梢動脈疾患への有効性が示されている[※2]。

主な食材&摂取目安

ラム、マトンなどの羊肉、牛肉、赤貝など。1日あたり200～500mg程度摂取することが望ましいとされる。

バズーカメモ

脂肪減少効果で有名なカルニチン。炭水化物との同時摂取により、筋内のカルニチンが増加するとする報告[※3]や、持久性の運動能力が向上するという報告[※4]もある。カルニチンによる、パフォーマンスの変化にはさらなる研究が必要である。

※1 Ferrari R et al.,2004
※2 Hiatt WR.,2004
※3 Stephens FB et al.,2006
※4 Wall BT et al.,2011

タンパク質　その他アミノ酸

オルニチン

効果　エネルギー／構成材料／体内調節／筋力／スタミナ／疲労回復／その他

アミノ酸の1つ「オルニチン」は、体内で生成される他、しじみに多く含まれている栄養素として有名である。主に肝臓内で重要な役割を持っており、有害なアンモニアを尿素に変えて解毒を行う「オルニチン回路」においてアンモニアと結合する中間体として使用される。そのため、二日酔いの軽減効果や疲労回復の効果が期待されている。

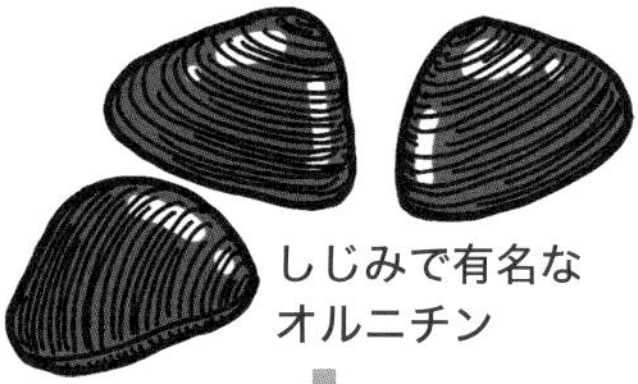

↓

オルニチン回路

↓

アンモニアを解毒

↓

疲労回復

成長ホルモンとの関係性

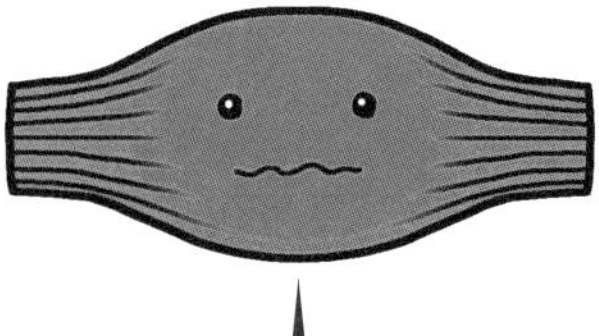

オルニチンとアルギニンを同時に摂取することで、運動による「成長ホルモン」の分泌増加が確認されている[※1]。しかし、著しい成長ホルモンの分泌を誘発する量の経口投与は、胃腸の不快感を引き起こす可能性が示されている[※2]。

主な食材&摂取目安

しじみ、しめじなど。1日の摂取目安量は400～800mg程度が適当とされる。

バズーカメモ

しじみのみそ汁で有名なオルニチンだが、ボディメイクに関するエビデンスは不足しているといえる。一酸化窒素の産生を促進する「アルギニン」や「シトルリン」と合わせることで、間接的にプラスに働くという点が、今のところ信頼できるだろう。今後の研究に注目したい栄養素だ。

※1 Zajac A et al.,2010
※2 Chromiak JA et al.,2002

タンパク質　その他アミノ酸

テアニン

効果　エネルギー／構成材料／体内調節／筋力／スタミナ／疲労回復／その他

「テアニン」はお茶に多く含まれ、うま味と甘味を引き出すアミノ酸。うま味成分として知られる「グルタミン酸」と化学構造が類似し、一部の植物にのみにしか存在しないことが特徴。お茶を飲んだ際の安らぎに見られるように、緊張を和らげ心身をリラックスさせる効果がある。脳内の抑制系神経伝達物質（GABAなど）を活性化し、興奮系神経伝達物質（アドレナリン）を鎮めることから、寝つきを良くし、睡眠の質を高める効果もある。

お茶で心身のリラックス

テアニンによる緊張緩和

低用量のカフェインとテアニン、チロシンの摂取は、認知能力の向上によって、素早く正確な判断と動作を必要とするアスリートにとって、運動精度を向上することが明らかになっている[※1]。

主な食材&摂取目安

緑茶、紅茶など。摂取量は200mgを目安にすることが良いとされる。

バズーカメモ

テアニンは睡眠導入のサプリメントとして近年普及している。夜間にトレーニングをする場合など、寝つきが悪くなる際に活用できるだろう。摂取後、約40～50分でリラックスの脳波である「α波」が出現することがわかっているため、タイミングを合わせて摂取したい。

※1 Zaragoza J et al.,2019

タンパク質　　ペプチド

ペプチド

効果　エネルギー／構成材料／体内調節／筋力／スタミナ／疲労回復／その他

「ペプチド」とは、アミノ酸が数個つながった構造を持つ成分の総称。アミノ酸の数が２個では「ジペプチド」、３個では「トリペプチド」と呼ぶ。また、２〜10個程度の少数のペプチドは「オリゴペプチド」、11〜49個は「ポリペプチド」と分類され、これらアミノ酸の結合は「ペプチド結合」といわれる。また、由来するタンパク質や食品の種類によって働きが異なり、それぞれに因んだ名前もつけられる。

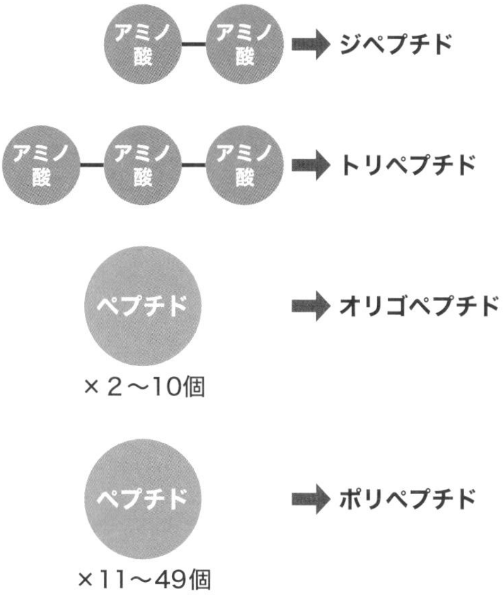

タンパク質、アミノ酸との効果の違い

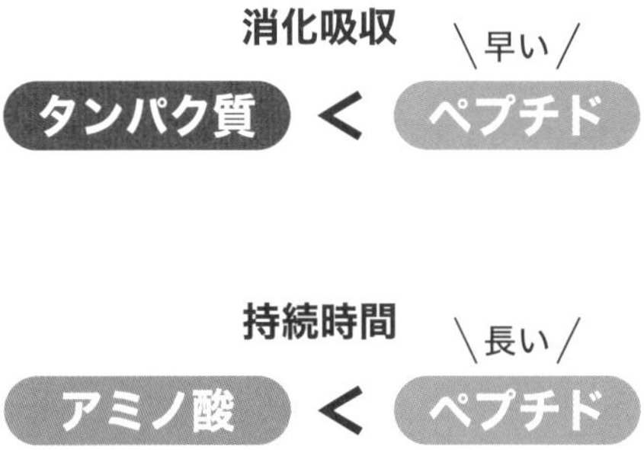

食材に含まれるタンパク質は、人間の体内で消化酵素により分解され、細分化されることで吸収される。サイズの大きいタンパク質は消化・吸収されるまでに時間がかかるが、すでに分解されたペプチドは、早く体内に吸収されることが特徴。
一方、アミノ酸と比べると血液を循環する持続時間が長いため、作用が持続しやすい。両者の良いところを備えた、優れた成分だといえる。

効果が異なるさまざまなペプチド

種類	働き
ホエイペプチド	牛乳に含まれるタンパク質が由来成分で、筋肉を合成する働きがある。
魚肉ペプチド	魚肉由来で生活習慣病予防やアンチエイジングの効果も期待される。
大豆ペプチド	大豆由来で、腸内の吸収が早い。筋肉の修復に役立つとされる。
いわしペプチド	いわし由来でバリルチロシンという物質によって、血圧を安定させる。
コラーゲンペプチド	コラーゲン由来で、肌や骨の形成を助け、関節の痛みを和らげる。

サプリメントとしても有名な「ホエイペプチド」は、牛乳に含まれるタンパク質を酵素分解し、分子を小さくしており、「BCAA（分岐鎖アミノ酸）」などの必須アミノ酸が豊富で、筋合成に役立つ。牛乳が酵素により分解され生成される「カゼインホスホペプチド」は、腸でのミネラルの吸収を助ける機能を持つ。コラーゲンを小さく分解し、体内に吸収されやすく加工した「コラーゲンペプチド」は、関節の痛みを軽減する。このようにペプチドは、種類ごとにさまざまな効果がある。

ペプチドの筋合成速度は速い

ペプチド摂取は
筋合成の速度が速い

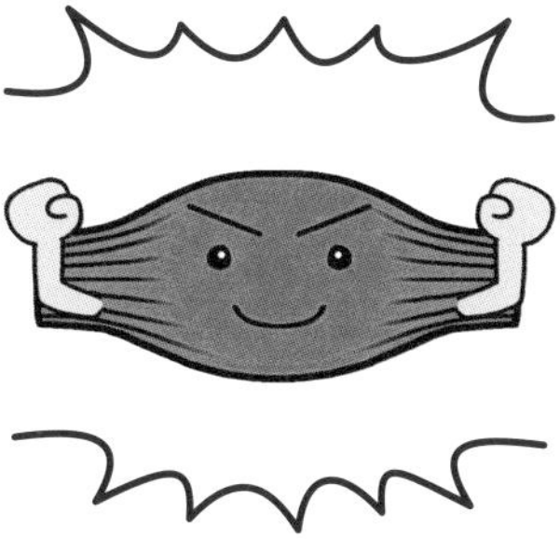

運動後のホエイペプチド摂取による筋タンパク合成効果を調べた実験[※1]では、ホエイペプチドを投与したグループは炭水化物やアミノ酸を投与したグループに比べて、筋タンパク合成速度の上昇が高かった。ホエイペプチドはボディビルダーのトップ選手の身体づくりにも大きく貢献。

主な食材&摂取目安

タンパク質全体の推奨摂取量は体重1kgあたり1日1.6〜2.0g。

バズーカメモ

食事以外でアミノ酸を摂取する手段は、プロテイン、BCAA、EAA、などさまざまだが、近年ボディメイク領域で最も注目を集めているのはペプチドだろう。筋肥大をもたらす効果も実証されてきている。ただし、サプリメントとしては若干高価になってしまうが、それだけの価値はある。

※1 Kanda A et al.,2013

タンパク質　ペプチド

カルノシン(イミダゾールペプチド)

効果　エネルギー／構成材料／体内調節／筋力／スタミナ／疲労回復／その他

「カルノシン」は、「β-アラニン」と「L-ヒスチジン」という２つのアミノ酸が結合した、「イミダゾールペプチド」の一種。主な働きは、活性酸素からの細胞の保護であり、激しい運動で発生する体内の活性酸素を除去する抗酸化作用を持つ。筋組織でつくられ、かつおやまぐろ、また渡り鳥の運動能力を支えていると考えられる。体内にある量が多いほどトップスピードを長時間持続させる。

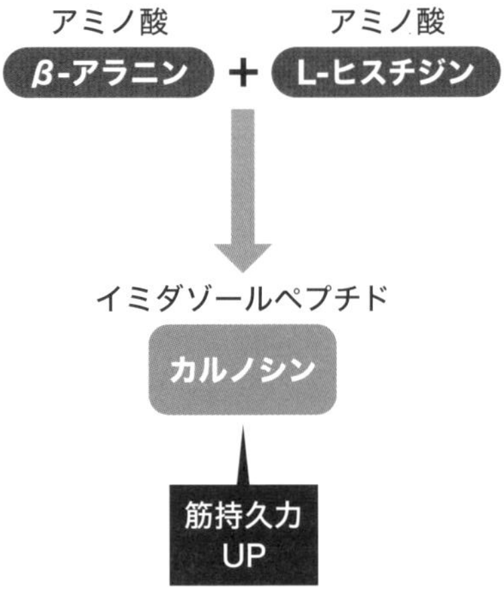

カルノシン摂取とパフォーマンスの維持

ボディビルダーの筋内カルノシン濃度は、一般人のコントロール群と比較し、２倍高いとされている[※1]。激しいトレーニングを行う能力に影響を与えたり、最後の１レップの粘りに影響を与えている可能性が考えられる。

渡り鳥などに多く含まれる

主な食材＆摂取目安

まぐろ、かつおなど。一般的な推奨摂取量は、１日1,500〜2,000mg。

バズーカメモ

カルノシンなどのイミダゾールペプチドは、私たちの運動パフォーマンス向上だけでなく、少子高齢化の進行とともに増加する生活習慣病や健康問題の予防食材として、今後確実にその重要度が増すだろう。

※1 Tallon MJ et al.,2005

岡田隆のバズーカコラム

プレワークアウトサプリメント（=Multi-Ingredients Pre-workout Supplements）

人気の高まるMIPS

近年、**「多成分プレワークアウトサプリメント（MIPS）」と呼ばれる、新しい栄養補助食品の人気が上昇**しています。運動前に摂取することを目的としたサプリメントで、必須アミノ酸の他、「カフェイン」「クレアチン」「β-アラニン」「一酸化窒素剤」などの成分をブレンドし、各社からさまざまな製品が販売されています。アミノ酸による筋タンパク質合成、カフェインの興奮効果、クレアチンの瞬発的エネルギー供給、β-アラニンの持久的パフォーマンスといった形で、組み合わせることに意義があると考えられており、トレーニング効果がより高まるとされているのです。[※1]

しかし、MIPSは製品ごとに独自にブレンドされているため、研究により比較することは困難です。**そもそも研究の総数も少なく、現段階で十分なエビデンスを持つ効果はほとんどありません。**筋肥大効果を示唆する報告は多少存在するものの、筋力、持久力、疲労度などに関しては不足している状況です。

また、長期補給の安全性も公的には担保されておらず、アスリートにおいては禁止物質を意図せず摂取してしまうリスクもあります。確かな情報という点では、今後の研究報告を待つ必要があるでしょう。

MIPSの効果

ボディメイクの世界でもMIPSの普及は進んでおり、多くのボディビルダーが活用しています。実際に一つひとつの成分を見ても、危険性のある製品は少ないようです。ただし特定の成分が含まれることで高価格になっていることも多いため、コストパフォーマンスも考慮する必要はあります。闇雲に信じるのは避け、しっかりと成分を見極めながら、自分に合ったものを探すのが良いでしょう。

※1 Harty PS et al.,2018

ビタミンのボディメイク的メリット&デメリット

ビタミンは、人間が生きる上で必要不可欠な有機化合物のうち、炭水化物、脂質、タンパク質以外の栄養素の総称です。主な機能は、**血管や粘膜、皮膚、骨などの健康を保ち、新陳代謝を促す**こと。体内ではほとんど合成されることがないため、食事による摂取が必要です。ビタミンは、**水に溶ける「水溶性ビタミン」**と**油に溶ける「脂溶性ビタミン」**に分けられます。このうち水溶性ビタミンは、尿などと排泄されるため、毎日必要な量を摂取しなければなりません。余剰分は体内に蓄積されないので、摂りすぎを注意しなくても問題ありません。一方の脂溶性ビタミンは、油と摂ることで吸収率が上がることが特徴。肝臓に蓄積されるため、摂りすぎにより過剰症を起こすものがあります。

ボディメイクにおいてビタミンが重視されるのは、トレーニングの成果として求める**筋タンパク質合成を促進**したり、**テストステロンという強力なアナボリックホルモンの生産**を促したり、そして、**エネルギー代謝を活性化**するからでしょう。運動時に筋肉を動かす際、３大栄養素がエネルギー源となりますが、それぞれの代謝に対し、役割を果たすビタミンは異なります。そのため、各ビタミンのバランスの良い摂取が求められるのです。

ビタミン

筋合成やテストステロン分泌、エネルギー代謝をサポート

3大栄養素 ＋ ビタミンB群 ＝ 効率的な筋合成、テストステロン分泌、エネルギー代謝

エネルギーを産生するのは炭水化物、脂質、タンパク質だが、実はビタミンB群がなければ力を発揮できない。ATPの産生系で、それぞれに複雑に作用しているからだ。トレーニングと合わせて積極的に摂取したい。

ビタミンのボディメイク的メリットって？

▶ ビタミンの種類と主な働き

	種類	主な働き
水溶性	ビタミンB群	主に3大栄養素のエネルギー代謝をサポート。B6は筋合成を促進。
水溶性	ビタミンC	コラーゲンなどのタンパク質合成に必要。
脂溶性	ビタミンA	目の網膜色素、皮膚、粘膜の健康維持。
脂溶性	ビタミンD	カルシウムの吸収やテストステロンの分泌促進。
脂溶性	ビタミンE	抗酸化、ホルモンの生成、血行促進など。
脂溶性	ビタミンK	骨の形成促進、血液凝固因子の活性化。

メリット

さまざまな物質の代謝を調節

ビタミンは、ビタミンB群のエネルギー代謝、ビタミンB6の筋合成の促進、ビタミンDのテストステロン分泌促進など、体内の代謝で重要な機能を果たしている。

デメリット

欠乏症と過剰症に注意

体内でほとんど合成できないビタミンや余剰分が尿として排出される水溶性ビタミンは欠乏症に、体内に蓄積される脂溶性ビタミンは過剰症に気をつけたい。

酵素と補酵素の関係

体内で物質を別の物質に変えてくれる「酵素」はタンパク質だが、中には酵素のみでは活性化できず、他の化合物の助けを必要とするものがある。この際の助っ人が「補酵素」で、多くはビタミンから生成されている。

ビタミン　水溶性・ビタミンB群

ビタミンB1

効果　エネルギー／構成材料／体内調節／筋力／スタミナ／疲労回復／その他

水溶性ビタミンのうち、3大栄養素のエネルギー代謝において特に重要な役割を果たすのが、8種類のビタミンからなる「ビタミンB群」だ。その1つである「ビタミンB1（チアミン）」は、「解糖系」や「クエン酸回路」の代謝において補酵素として働き、糖質のエネルギー代謝を担っている。脳の機能にも直接作用しており、神経細胞の形成にも関わっていることから、極度の不足は危険だとされる。

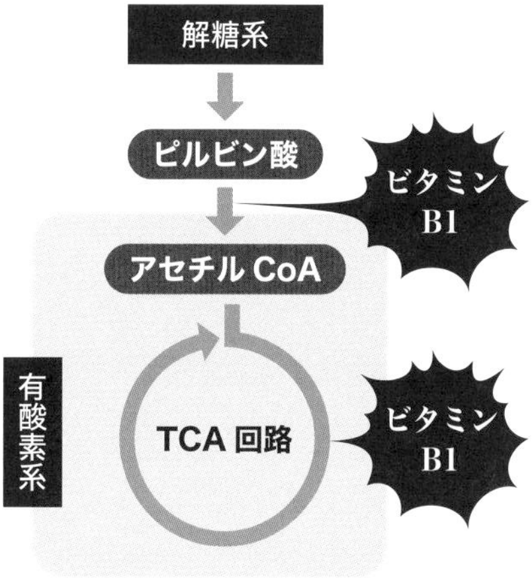

糖質のエネルギー代謝を活発化

ビタミンB1がなければ
発電タービンは回らない

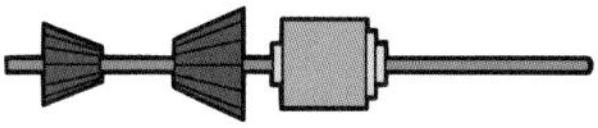

ビタミンB1は、糖質の代謝に関わる「ピルビン酸脱水素酵素」を調整する機能を持つ。そのため、摂取が不足することで糖質がエネルギーに変換されにくくなる。糖質を多く摂る人は不足しないように注意したい。

主な食材&摂取目安

豚肉、赤身肉、全粒穀物、ナッツ、大豆、カリフラワー、ほうれん草など。1日の推奨量の目安は0.9〜1.4mgで、年齢と性別によって異なる。

バズーカメモ

4週間にわたり、1時間の自転車エルゴメーター運動を行った実験[※1]では、運動中におけるビタミンB1の摂取が、自覚的な疲労感、乳酸濃度、アンモニア濃度を低下させる可能性が示唆されている。ビタミンB1は糖代謝に利益をもたらし持久系トレーニングにおいても重要といえそうだ。

※1 Choi SK et al.,2013

ビタミン　水溶性・ビタミンB群

ビタミンB2

効果　エネルギー／構成材料／体内調節／筋力／スタミナ／疲労回復／その他

発育のビタミン

「ビタミンB2（リボフラビン）」は、エネルギー供給の維持において役割を果たす栄養素。「ビタミンB1」が糖質の代謝に関わるのに対し、ビタミンB2は特に脂質の代謝を助けることが特徴で、皮膚や粘膜、髪、爪などの細胞を再生させる働きを持つ。〝発育のビタミン〟ともいわれるほど発育促進において重要で、不足すると成長障害を起こす。乳製品や大豆製品の摂取が少ないと不足しやすく、口内炎や角膜炎が生じるとされる。

ビタミンB2の過剰摂取は心配なし

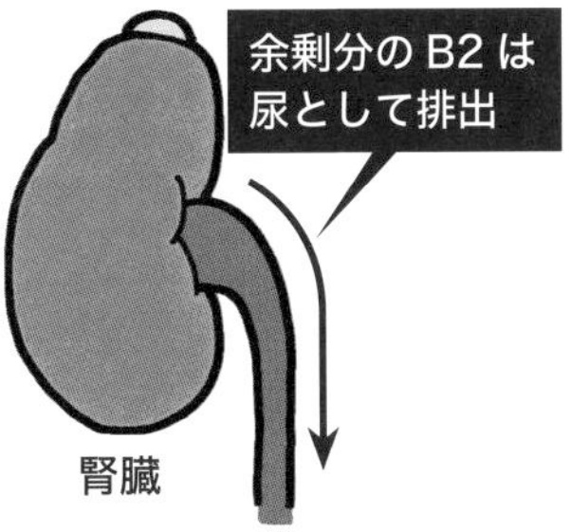

肌荒れやニキビ、口内炎の緩和のために摂取されることが多いビタミンB2。ビタミンB2を含む水溶性ビタミンは、余剰分が尿により排出され、体内に蓄積しにくいため、過剰障害は生じにくいとされる。

主な食材&摂取目安

豚レバー、さんま、牛乳、納豆など。1日の推奨量の目安は1.0～1.6mgで、年齢と性別によって異なる。

バズーカメモ

ビタミンB2には酸化ストレスから身体を守ってくれる機能がある。161kmのウルトラマラソンにて筋肉痛を軽減するかを調査した実験[※1]では、レース中、レース終了時に有意な低下が見られた。長時間の運動時にビタミンB2を摂取することで、運動後の素早い機能回復を期待できそうだ。

※1 Hoffman MD et al.,2017

ビタミン　水溶性・ビタミンB群

ビタミンB6

効果　エネルギー／構成材料／体内調節／筋力／スタミナ／疲労回復／その他

「ビタミンB6（ピリドキシン）」は、タンパク質の代謝を助けることが主な役割。糖質や脂質の代謝にも貢献する。中枢神経系に対しても働きかけ、神経伝達物質の「セロトニン」や「ノルエピネフリン」の生成、神経細胞において重要な「ミエリン（髄鞘）」の形成に関与。また、赤血球の構成成分で酸素を運ぶ働きをする「ヘモグロビン」の生成にも役立っている。尿によって排出され、体内に蓄積されないため、日々の摂取が必要。

B6の仕事は多い

夢を鮮明にする効果がある!?

夢か？　現実か？

神経伝達物質に関わることから、就寝前にビタミンB6を補給すると、夢が鮮やかになるという説[※1]がある。オーストラリア人100名を対象に実験[※2]をしたところ、覚醒後に夢を思い出す量が増加したとすると報告がある。

主な食材＆摂取目安

かつお、まぐろなどの魚類、レバーなど。1日の摂取量の目安は、18歳以上男性で1.4mg、18歳以上女性で1.1mg。

バズーカメモ

ビタミンB6は生鮮食品において「リン酸」やタンパク質と結合した状態で存在する。かつおやまぐろ、レバーに豊富である他、バナナにも多く含まれる。トレーニング前のバナナの摂取は、アミノ酸代謝を後押ししてくれるといえそうだ。プロテインやEAAを多く飲む人も、合わせて摂取しよう。

※1 Ebben M et al.,2002
※2 Aspy DJ et al.,2018

ビタミン　水溶性・ビタミンB群

ビタミンB12

効果　エネルギー／構成材料／体内調節／筋力／スタミナ／疲労回復／その他

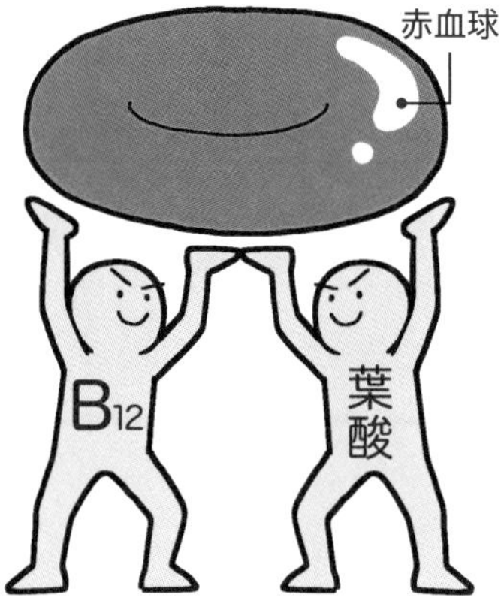

葉酸と一緒に赤血球をつくる

「ビタミンB12（コバラミン）」は「コバルト」(P153）を含む化合物で、水やアルコールに溶けやすい性質を持つ。代表的な役割は赤血球の合成で、「葉酸」とともに働くことで赤血球の核酸が正常につくられる。そのため、ビタミンB12や葉酸が不足すると、悪性貧血や赤血球の減少が発生する。ビタミンB12そのものが葉酸の再生産にも使用されているため、それぞれの不足が連動することにも注意。脳機能や神経組織の維持にも重要な役割を果たす。

神経伝達速度とビタミンB12

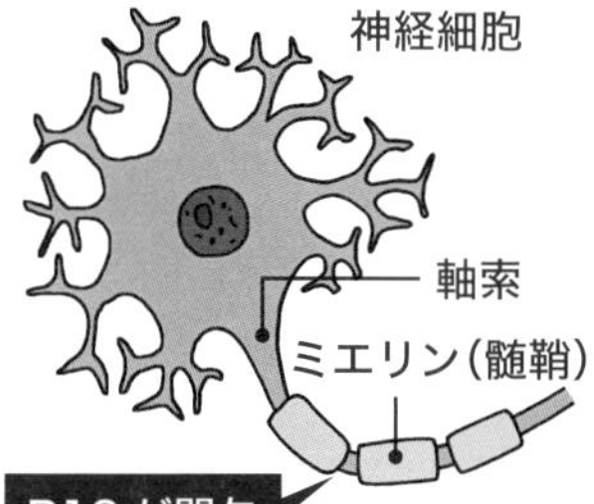

神経細胞の構成要素である「軸索《じくさく》」は「ミエリン（髄鞘《ずいしょう》)」という物質で覆われている。ミエリンは、神経の電気信号が身体の各部位に伝わる速度を速めるが、その修復や合成においてビタミンB12は重要な働きをしている。

主な食材＆摂取目安

しじみ、あさりなどの貝類、さばなどの魚類、レバーなど。1日の摂取推奨量は18歳以上の男女とも2.4μg。

バズーカメモ

ビタミンB12における運動関連のエビデンスは乏しい。ただし、ビタミンB12および葉酸の欠乏は貧血を引き起こし、持久力のパフォーマンスを低下させると考えられている[※1]。その他、体力の低下や食欲不振、便秘、疲労、体重の減少にもつながるため、欠かさずに摂取しよう。

※1 Lukaski HC et al.,2004

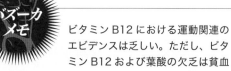

ビタミン　水溶性・ビタミンB群

ナイアシン

効果　エネルギー／構成材料／体内調節／筋力／スタミナ／疲労回復／その他

「ナイアシン（ビタミンB3）」は、関節炎の改善や脳機能の向上に役立つ栄養素。他のビタミンB群と同様、糖質、脂質、タンパク質の代謝を促進する。体内において、さまざまな物質の生合成に関わっていることが特徴で、精神疾患やアルコール依存症などへの臨床応用も期待されている。水溶性ビタミンであり余剰分は体外へ排出されるが、アミノ酸「トリプトファン」からも少量を合成することができる。

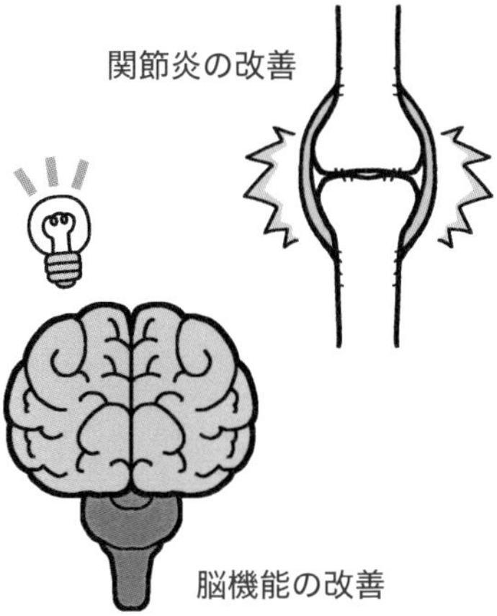

成長ホルモンの分泌促進

加齢により成長ホルモンの分泌低下が起きるが、中・高齢者を対象にナイアシン（グリシン・グルタミン）を含む栄養食品5gを3週間摂取した実験では、成長ホルモンの増加が見られたとする[※1]報告も存在する。

主な食材&摂取目安

かつお、肉類、きのこ類、穀類など。1日に必要な量（推奨量）は、10～15mgNEで、年齢と性別によって異なる（mgNEはナイアシン当量）。

バズーカメモ

酒に含まれるアルコールは、腸で吸収され、血液により肝臓に運ばれ、「アルコール脱水素酵素」によって「アセトアルデヒド」に分解される。ナイアシンが不足するとアセトアルデヒドが体内に残り、二日酔いや頭痛の原因になってしまう。飲み会の際はいつもよりも多めにナイアシンを摂ると良い。

※1 Arwert LI et al.,2003

ビタミン　水溶性・ビタミンB群

パントテン酸

効果 エネルギー／構成材料／体内調節／筋力／スタミナ／疲労回復／その他

「パントテン酸（ビタミンB5）」は3大栄養素の代謝を助け、エネルギーを産生することが主な役割。エネルギー代謝に必要な100種以上の酵素の働きを助け、「ビタミンB1」とともに糖質の代謝で、「ビタミンB2」とともに脂質の代謝で活躍する。また、「脂肪酸」と結合することで、エネルギー生成時の反応に関わる「アセチルCoA」、脂肪酸の合成と分解に関わる「アシルCoA」を形成。神経伝達物質にも深く関わっている。

抗ストレスビタミンとしての役割

人体は、「副腎皮質ホルモン」を分泌し血糖値を上げ、エネルギーを増やすことでストレスに対応している。ラットの実験[※1]ではあるが、パントテン酸の投与により副腎皮質ホルモンの分泌が増加したといわれている。

主な食材＆摂取目安

鶏ささ身、きのこ類、牛乳、魚介類、大豆など。1日の摂取量の目安は5〜6mgで、年齢と性別によって異なる。

バズーカメモ

「パントテン」は「至るところにある」という意味を指し、多くの食物に含まれることが特徴。一般的な食生活をしていれば、不足することはないだろう。善玉コレステロールの増加、免疫力の強化、肥満の予防、皮膚の保護など、さまざまな機能があるため、私たちに欠かせない栄養素だ。

※1 Jaroenporn S et al.,2008

ビタミン　水溶性・ビタミンB群

葉酸

効果　エネルギー／構成材料／体内調節／筋力／スタミナ／疲労回復／その他

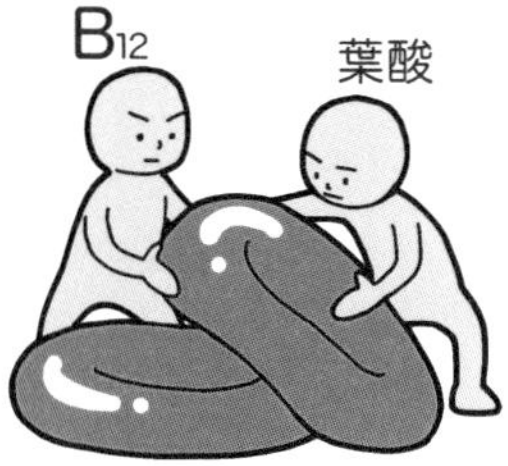

造血のビタミン

ビタミンB群の1つである「葉酸」は、植物の葉に多く含まれる。「ビタミンB12」とともに赤血球を生成することから、〝造血のビタミン〟と呼ばれる。また、タンパク質や核酸（DNAやRNAの総称）を合成する約20種類の酵素において補酵素となり、細胞の生成や再生を助けてくれることから胎児・妊婦にとっては重視される。成人においては不足すると、腸管や口腔内、舌などの粘膜に炎症が起こりやすい。

主な食材&摂取目安

海藻類、鶏肉、卵、牛乳、枝豆など。1日の摂取の推奨量は、18歳以上の男女ともに240μg。

バズーカメモ

高齢者を対象にした研究[※1]では、葉酸が皮膚血管を拡張し、運動する骨格筋への血流量を増加させることが示唆されている。

ビタミン　水溶性・ビタミンB群

ビオチン

効果　エネルギー／構成材料／体内調節／筋力／スタミナ／疲労回復／その他

ビタミンB群の1つ「ビオチン」は、3大栄養素のエネルギー代謝に関わる他、抗炎症、アレルギー症状の抑制、インスリンの働きを高める作用などがある。また、体内には「AMPK」というエネルギー不足を知らせる役目のセンサーがあるが、ビオチンの摂取によりAMPKが活性化すると、脂肪をエネルギーに変換しようと身体が働く。エネルギーセンサーのスイッチを入れ、体脂肪を燃焼してくれる性質があるのだ。[※2]

主な食材&摂取目安

しいたけ、鶏肉、落花生、卵など。1日の摂取量の目安は、18歳以上の男女ともに50μg。

バズーカメモ

ビオチンは「インスリン分泌」を刺激し、肝臓と膵臓での解糖を促進することでグルコース代謝を改善すると考えられている。[※3]

※1 Romero SA et al.,2017
※2 Aguilera-Méndez A et al.,2012
※3 Furukawa Y.,1999

ビタミン　水溶性

ビタミンC

効果　エネルギー／構成材料／体内調節／筋力／スタミナ／疲労回復／その他

骨の強化

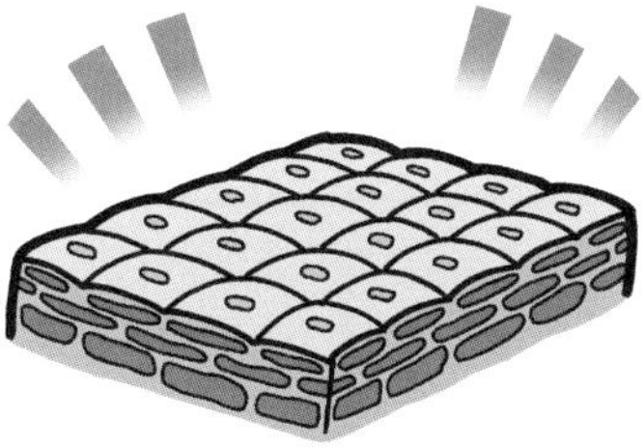
皮膚や血管の抗酸化作用

「ビタミンC」は、皮膚や血管の老化を防ぎ、免疫力を高める抗酸化ビタミン。「コラーゲン」の合成に作用することから、骨を強化する、肌にハリを持たせるなどの効果がある。人間は体内でビタミンCを合成できない数少ない動物で、食事などからの摂取が必須。摂取後は小腸から吸収され、肝臓を経て血液によって全身に運ばれる。筋肥大や除脂肪への効果については諸説あり、今後の研究結果を待つ必要がある。

ビタミンCと筋力の関係性

ある研究[※1]では、運動時におけるビタミンCサプリメントの摂取が、酸化ストレスを減らし、最大筋力が増えることでトレーニングのパフォーマンスが向上する可能性を示唆。しかし、研究間の不一致が提示され、議論中だ。

主な食材＆摂取目安

キウイフルーツ、パプリカ、ブロッコリーなど。1日の摂取推奨量は100mg程度。

バズーカメモ

水溶性ビタミンのビタミンCは、水に溶けやすい、熱、空気、アルカリにより破壊されやすいという性質を持つ。そのため、洗う、切る、熱するといった多くの調理の過程で減少してしまうのだ。野菜を生で食べたり、煮汁ごと飲んだりすることで、効率良く摂取できるだろう。

※1 Evans LW et al.,2017

ビタミン　脂溶性

ビタミンA

効果　エネルギー／構成材料／体内調節／筋力／スタミナ／疲労回復／その他

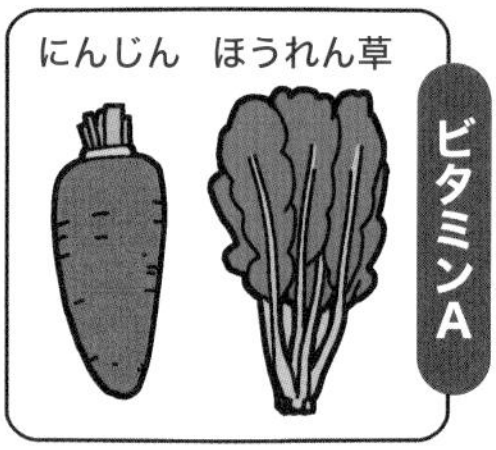

油と一緒に食べる

主な食材&摂取目安

にんじん、ほうれん草、鶏レバー、牛乳、卵など。1日あたりの推定平均必要量は450〜900μgRAE。

「ビタミンA」は、脂溶性ビタミンの一種。体内でビタミンAに変換される成分は「プロビタミンA」と呼ばれ、「β-カロテン」「α-カロテン」など約50種類が存在する。野菜に含まれるカロテンの大部分がβ-カロテンで、吸収されにくいことが特徴。脂溶性であるため、油で炒めたり、ドレッシングなど油脂をかけたりすると摂取しやすい。主な働きは、目の健康維持、皮膚や粘膜の免疫力向上、抗酸化作用など。

バズーカメモ

ビタミンAなどの抗酸化物質の摂取は、酸化ストレスを防ぎ身体能力を改善する[※1]と考えられているが、効果は証明されていない。

ビタミン　脂溶性

ビタミンK

効果　エネルギー／構成材料／体内調節／筋力／スタミナ／疲労回復／その他

血液のボンド

主な食材&摂取目安

しそやモロヘイヤなどの緑黄色野菜、海藻類、納豆など。1日の摂取量の目安は150μg。

脂溶性ビタミンの「ビタミンK」は、血液の凝固に関与する栄養素。血液凝固には「プロトロンビン」という血液凝固因子が必要であり、プロトロンビンが肝臓で生成される際にビタミンKは補酵素として機能する。ビタミンK欠乏症はまれであるが、欠乏すると血中のプロトロンビンが減少するため、血液凝固が遅くなり、出血が止まりにくくなってしまう。他にも、「ビタミンD」とともに骨の健康を保つ役割がある。

バズーカメモ

120名を対象に24カ月間ビタミンKを摂取させた実験[※2]では、骨密度が維持されたと結論づけられている。

※1 Draeger CL et al.,2014
※2 Shiraki M et al.,2000

ビタミン　脂溶性

ビタミンD

効果：エネルギー／構成材料／体内調節／**筋力**／スタミナ／疲労回復／**その他**

脂溶性ビタミンの「ビタミンＤ」は、直射日光を浴びる際に体内で自然に生成されるのが特徴。肌に紫外線が当たると、自然にビタミンＤが生成されることからホルモンに分類する考えの人もいる。食事やサプリメントから摂取することも可能。主な作用は、「カルシウム」と「リン」の吸収の調整、免疫機能を促進。発育や骨や歯の発達においても重要である。男性ホルモンであるテストステロンの分泌も促進する。

主な食材＆摂取目安

きのこ類、さんま、卵、牛乳など。1日の摂取量の目安は、8.5μg。耐用上限量は100μgと設定されている。

バズーカメモ

ある研究[※1]では、改善効果は小さいものの、ビタミンＤが下肢の筋力を改善する可能性が示唆された。

ビタミン　脂溶性

ビタミンE

効果：エネルギー／構成材料／体内調節／筋力／スタミナ／**疲労回復**／**その他**

「ビタミンＥ」は、脂溶性ビタミンの１つ。強力な抗酸化作用があり、細胞の酸化を防ぐことから、〝若返りのビタミン〟と呼ばれる。老化により生じる色素「リポフスチン」は、酸化を防ぎきれず生成される色素物質の一種で、全身に沈着して生じる。リポフスチンはビタミンＥが不足する人に多く見られ、ビタミンＥと老化の高い関連性を示唆する報告[※2]もある。

主な食材＆摂取目安

アーモンドなどの種実類、油脂類、かぼちゃ、魚介類など。1日の摂取量の目安は、18歳以上の男性で6.5mg、女性で6.0mg。

バズーカメモ

ビタミンＥが筋肉痛の軽減、疲労回復に役立つという報告[※3]があるが、筋肥大と筋力向上への影響については、さらなる研究が必要。

※1 Beaudart C et al.,2014
※2 Takasaki M et al.,2002
※3 Silva LA et al.,2009／Higgins MR et al.,2020

ミネラルのボディメイク的メリット＆デメリット

ミネラルは、人間の身体を構成する主要4元素「酸素」「炭素」「水素」「窒素」以外の元素の総称で、5大栄養素の1つに数えられます。ビタミンとともに身体の維持や調節に欠かせない成分ですが、炭水化物、脂質、タンパク質のように直接的にエネルギー源になることはありません。

ミネラルの中でも、**人の身体に不可欠な「必須ミネラル」は、16種類存在**します。その役割は、**骨、歯、血液などの構成、筋肉や神経の機能の維持、酵素の働きのサポート、体液の浸透圧の調整**など。それぞれの成分で特徴が異なります。

ボディメイクの観点から見て、特に重要なのは「ナトリウム」「カリウム」「カルシウム」「マグネシウム」でしょう。運動パフォーマンスを向上させる一方でむくみの原因となるナトリウムと、余分なナトリウムを排出してくれるカリウムは、減量において効果を発揮するため、ボディビルダーが重視するミネラル。丈夫な骨をつくるカルシウムは、筋肉の収縮にも関与します。さまざまな酵素を活性化するマグネシウムは、エネルギーの産生や筋肉の形成を促進してくれます。

ミネラル

ミネラルのバランスが崩れると生体機能が大きく乱れる

必須ミネラル16種 ＝ 多量ミネラル7種 ＋ 微量ミネラル9種

人間に必要な必須ミネラルは、1日の推奨摂取量や目安量が100mg以上の「多量ミネラル」と100mg未満の「微量ミネラル」に分けられている。摂取の過不足はパフォーマンスや生体機能への影響が大きい。

ミネラルのボディメイク的メリットって？

▶ ミネラルの種類

多量ミネラル		微量ミネラル	
ナトリウム	Na	鉄	Fe
カリウム	K	亜鉛	Zn
カルシウム	Ca	銅	Cu
マグネシウム	Mg	マンガン	Mn
リン	P	ヨウ素	I
イオウ	S	セレン	Se
塩素	Cl	クロム	Cr
		モリブデン	Mo
		コバルト	Co

メリット

体内の機能を調節してくれる

水分や塩分の調節、神経の情報伝達、筋肉の収縮など、ミネラルはボディメイクにも関わっている。不足するとさまざまな不調につながってしまう。

デメリット

普段の食事で不足しがち

食事からの摂取が必要だが、そのコントロールは困難。特に日本人は「カリウム」「カルシウム」「マグネシウム」「鉄」「亜鉛」が不足しがちとされることが多い。

バズーカメモ

マグネシウムに着目せよ

不足しがちなマグネシウムは、ATPの産生で「グルコース」を代謝する際、「ビタミンB1」とともに必須の成分になっており、〝ミトコンドリアミネラル〟の異名を持つ。トレーニングパフォーマンスを最大化してくれるミネラルなのだ。

ミネラル　多量ミネラル

ナトリウム

効果　エネルギー／構成材料／体内調節／筋力／スタミナ／疲労回復／その他

「ナトリウム」は、主に食塩から摂取されるミネラル。人間の体液のうち、細胞の外にある「細胞外液」は、身体の20％を占める構成要素で、循環血液量の維持や、細胞への栄養の運搬、細胞からの老廃物の排出において重要な役割を担っている。ナトリウムはほとんどが、この細胞外液に存在し、「浸透圧」を調整し水分の量を保つことで、血液量の維持や栄養の供給を手助けしているのだ。

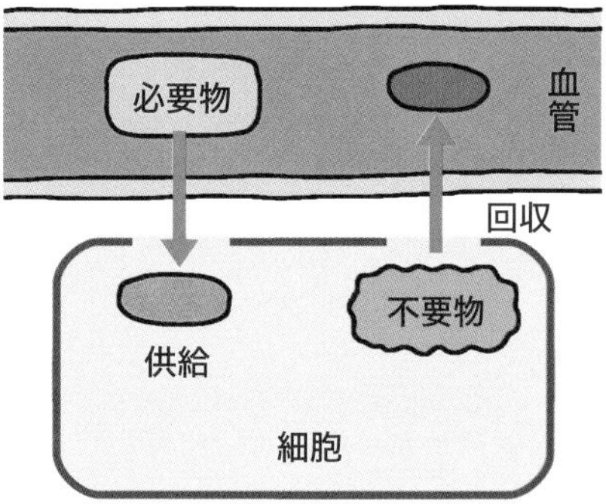

血管と細胞の物質交換は浸透圧を利用している

血中のナトリウム濃度は一定

血中のナトリウム濃度は常に一定に保たれる

血中のナトリウム濃度は常に一定に保たれる。濃度が上がると細胞から水分を吸収して濃度を下げ、濃度が下がると細胞に水分を放出して濃度を上げる。塩分で血圧が上がるのは、この血液量の増加が原因。

主な食材＆摂取目安

しょうゆ、みそなど。日本人が当面の目標とすべき食塩の摂取量は、18歳以上男性で１日7.5g未満、女性6.5g未満。

バズーカメモ

水分が、溶液中の成分の濃度が低いほうから高いほうへ移動する圧力が「浸透圧」。ナトリウムが正常な濃度に保たれると、浸透圧により水分が移動する。塩分の過多でむくみが生じるのも、水分がたまることが原因だ。大会前にむくみが気になるボディビルダーは、塩を抜くこともある。

ミネラル　多量ミネラル

カリウム

効果 エネルギー／構成材料／**体内調節**／筋力／スタミナ／疲労回復／その他

「カリウム」は、「ナトリウム」とともに浸透圧を維持する栄養素。その他、心臓や筋肉の機能調節、細胞内の酵素反応の調節などの機能を持つ。また、余分な「ナトリウム」の腎臓での再吸収を抑制し、尿への排泄を促進することで、血圧を維持する役目もある。カリウムはナトリウムと協力、調整し合っているため、「ブラザーイオン」と呼ばれ、塩分の摂りすぎを調節してくれるのだ。

カリウムとナトリウムは
浸透圧のバランスを取る関係

カリウム不足に気をつけたい

カリウムが不足すると塩分を調節できなくなるだけでなく、脱力感、食欲不振、不整脈などが生じる。一方、大量に摂取しても体内の調節機能が働くため、過剰になることはほとんどない。水溶性なので生食で摂取しよう。

主な食材&摂取目安

海藻類、アボカド、大豆、里いもなど。1日の摂取基準量は、18歳以上男性で2,500mg、女性で2,000mg。

バズーカメモ

減量には「水抜き」や「塩抜き」というテクニックがあるが、過度な方法は大変危険である。水を体内に蓄えるナトリウムを減らすには、塩の摂取を減らすと効果が出るが、食塩相当量で1.5gを下回るのは危険。こうした際、カリウムを摂取することで、ナトリウムを排出する方法が有効だ。

ミネラル　多量ミネラル

カルシウム

効果　エネルギー／構成材料／体内調節／筋力／スタミナ／疲労回復／その他

人間の体重で１～２％を占める「カルシウム」は、生体内に最も多く存在するミネラル。そのうち99％は「リン酸」と結合した「リン酸カルシウム」として骨や歯などの硬組織に存在する。残りは血液、筋肉、神経といった軟組織に存在し、細胞の分裂と分化、筋肉の収縮、神経興奮の抑制などに関与している。吸収率が低いことが特徴で、成人の場合通常の食事で20～30％程度とされる。

骨は約 70%が
リン酸カルシウムの一種
ハイドロキシアパタイトで
できている

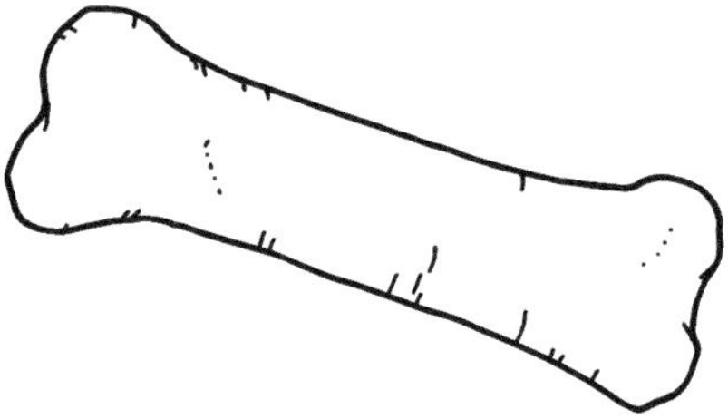

残りの 30%は
コラーゲンで構成！

不足しがちなカルシウムの摂取方法

カルシウムは
力の源でもある！

吸収率の高い食材は牛乳（約40％）であり、小魚が約33％、野菜が約19％。同じカルシウム量でも食品によって吸収率が異なるため乳製品を上手に利用すると良い。また、塩分、カフェイン、喫煙は吸収を阻害するといわれる[※1]。

主な食材＆摂取目安

牛乳、チーズ、ヨーグルトなどの乳製品、小魚、干しえび、海藻類など。１日の推奨量の目安は600～800mg で、年齢と性別によって異なる。

筋組織内の筋小胞体にはカルシウムイオンが貯蔵されており、筋が収縮する時に一斉に放出され、「アクチン」と「ミオシン」が重なり合う。カルシウムは力を発揮する源でもあるのだ。

※1 Uenishi K et al.,1998

ミネラル　多量ミネラル

マグネシウム

効果　エネルギー／構成材料／体内調節／筋力／スタミナ／疲労回復／その他

「マグネシウム」は300種類以上の酵素の働きを助ける、マルチな機能を備えた栄養素。エネルギーの産生、栄養素の合成・分解、遺伝情報の発現や神経伝達などに関与する。また、「カルシウム」と拮抗して筋収縮を制御するなどから、カルシウムとの「ブラザーイオン」とも呼ばれる。「ブドウ糖（グルコース）」がATPをつくる際にも非常に重要な役割を果たすが、糖質の摂取過多で無駄遣いによる不足が生じるので注意が必要。

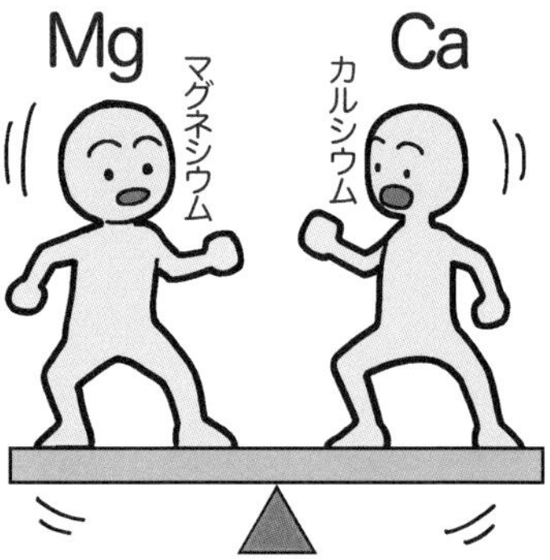

マグネシウムとカルシウムは
筋収縮のバランスを取る関係

血管の拡張と高血圧との関係

マグネシウムが不足すると
筋収縮の異常が起こる

マグネシウムには、血管を拡張させ血圧を下げる、血小板の凝集を抑え血栓をつくりにくくするなどの作用もあり、高血圧の原因はナトリウムの過多でなく、マグネシウムの不足とされることもあるほど重視される。

主な食材&摂取目安

あおさ、アーモンド、玄米、わかめなど。1日の摂取推奨量は260〜370mgで、年齢と性別によって異なる。

バズーカメモ

マグネシウムは、ATP 産生に必要な「解糖系」において、多くのプロセスで使用される。また、カルシウムは筋肉の収縮、マグネシウムは弛緩の役目を持ち、不足すると痙攣が起きてしまう。激しい運動は、汗によって損失を増加させるため、マグネシウムの必要量を 10 〜 20%増加させることも考えられる。[※1]

※1 Nielsen FH et al.,2006

ミネラル　微量ミネラル

鉄

効果　エネルギー / 構成材料 / 体内調節 / 筋力 / スタミナ / 疲労回復 / その他

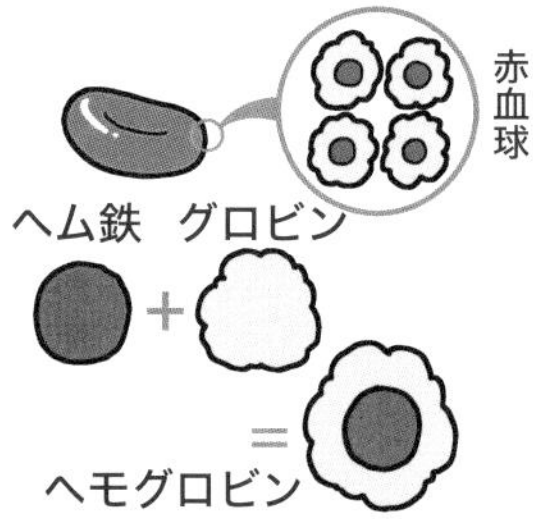

「鉄」は赤血球の材料になり、酸素を全身に運んでくれるミネラル。体内に存在する鉄の70〜75%は「機能鉄」と呼ばれ、赤血球中の「ヘモグロビン」や筋肉中の「ミオグロビン」の構成成分となる。残りの25〜30%は「貯蔵鉄」として肝臓、脾臓、骨髄などに蓄えられ、機能鉄が不足した際に働く。偏った食事や激しい発汗により不足し、欠乏すると貧血が発症する。過剰摂取は通常の食事では心配ないとされる。

主な食材&摂取目安

青のり、ひじき、レバーなど。1日の摂取推奨量は6.0〜7.0mgで、年齢と性別によって異なる。

バズーカメモ

鉄過剰症の人においては骨格筋からも貯蔵鉄が検出される[※1]。鉄過剰症は酸化ストレスを誘発する可能性もある[※2]。

ミネラル　微量ミネラル

銅

効果　エネルギー / 構成材料 / 体内調節 / 筋力 / スタミナ / 疲労回復 / その他

鉄の運び屋

「鉄」が赤血球中の「ヘモグロビン」の材料になるのに対し、ヘモグロビン生成のために鉄を必要な場所に運ぶミネラルが「銅」。鉄が十分でも銅が不足すれば、赤血球をつくれずに貧血になる。その他、さまざまな酵素に変換されることで、活性酸素の除去、骨の形成を促進している。定期的にトレーニングを行う人は、赤血球中の銅濃度が低いという研究[※3]もあり、追加の補給が必要だと考えられる。

主な食材&摂取目安

いか、たこ、えび、レバーなど。1日の摂取推奨量は0.7〜0.9mgで、年齢と性別によって異なる。上限量は18歳以上の男女とも7mg。

バズーカメモ

銅は、甲殻類や軟体動物に豊富に含まれる。鉄と比べると見落とされがちだが、血液生成において重要な成分だ。

※1 Torrance JD et al.,1968
※2 Schafer AI et al.,1981
※3 Toro-Román V et al.,2021

ミネラル　微量ミネラル

亜鉛

効果　エネルギー／構成材料／体内調節／筋力／スタミナ／疲労回復／その他

筋合成に欠かせない

主な食材＆摂取目安

かき、レバー、うなぎなど。１日の摂取推奨量は８〜11mg で、年齢と性別によって異なる。

「亜鉛」は、体内に約２〜４g 存在し、歯、骨、肝臓、腎臓、筋肉に多く含まれるミネラル。200種以上の酵素の構成や酵素反応の活性化に役立っている他、ホルモンの合成・分泌の調整、DNA 情報の複製、タンパク質の合成、免疫反応の調節などにも関与する、成長に欠かせない栄養素でもある。また、亜鉛はテストステロンレベルの調節に重要な役割を果たし、重度の欠乏は男性における性腺機能低下症に影響するとされる。[※1]

バズーカメモ

タンパク質の形成は、DNA をもとに「転写」が行われている。このプロセスで必要になるのが亜鉛なのだ。

ミネラル　多量ミネラル

リン

効果　エネルギー／構成材料／体内調節／筋力／スタミナ／疲労回復／その他

エネルギーも人体も

だいたいリン

主な食材＆摂取目安

肉類、魚類、卵、乳製品、豆類など。1日の摂取量の目安は、18歳以上の男性で1,000mg、女性800mg。

「リン」は、「カルシウム」の次に体内に多く存在するミネラル。体重の約１％を占めており、そのうち80％程度が「リン酸カルシウム」「リン酸マグネシウム」として骨や歯を構成。残り20％は核酸や細胞膜のリン脂質などとして存在する。「ATP（アデノシン３リン酸）」は、リンの存在形態の一種である「リン酸」が１つ外れ、「ADP（アデノシン２リン酸）」になることで、大きなエネルギーを放出する。

バズーカメモ

リンは「カルシウム」とのバランスが重要とされ、大量に摂取するとバランスが崩れることで腎機能の低下につながることがある。

※1 Prasad AS et al.,1996

ミネラル　多量ミネラル

イオウ

効果	エネルギー	構成材料	体内調節	筋力	スタミナ	疲労回復	その他

「イオウ（硫黄）」はミネラルの一種だが、主に含硫アミノ酸「システイン」から摂取できる。髪の毛、肌、軟骨などを形成するために機能し、「ビタミンＢ群」とともに糖質や脂質の代謝に作用する。また、有害なミネラルの蓄積を防ぐなどの働きもある。

ミネラル　多量ミネラル

塩素

効果	エネルギー	構成材料	体内調節	筋力	スタミナ	疲労回復	その他

「塩素」は塩酸の構成成分であるミネラル。胃酸中の塩酸に含まれ、消化酵素「ペプシン」を活性化し、消化を促進するのが主な役割。不足すると胃液の酸度が下がり消化不良につながってしまう。人間は食塩（塩化ナトリウム）により摂取している。

ミネラル　微量ミネラル

ヨウ素

効果	エネルギー	構成材料	体内調節	筋力	スタミナ	疲労回復	その他

「ヨウ素」は昆布、わかめ、のりなど海産物に多く含まれるミネラル。吸収されると多くは甲状腺に取り込まれ、甲状腺ホルモンの「サイロキシン」「トリヨードサイロニン」などの構成成分となる。甲状腺ホルモンは代謝を活性化する働きがある。

ミネラル　微量ミネラル

セレン

効果	エネルギー	構成材料	体内調節	筋力	スタミナ	疲労回復	その他

「セレン」は、「ビタミンＥ」などとともに、活性酸素を消去する抗酸化作用がある。吸収率が50％以上と高いため、通常の食生活をしていれば欠乏の心配はほぼないだろう。

ミネラル　微量ミネラル

マンガン

効果　エネルギー／構成材料／体内調節／筋力／スタミナ／疲労回復／その他

「マンガン」は、体内のミトコンドリア内に多く分布し、活性酸素を除去する抗酸化作用のあるミネラル。炭水化物、タンパク質、脂質を消化・吸収する酵素の機能を活性化する他、血液の生成などの機能を持つ。

ミネラル　微量ミネラル

コバルト

効果　エネルギー／構成材料／体内調節／筋力／スタミナ／疲労回復／その他

「コバルト」は、「ビタミンB12」の構成成分となるミネラル。赤血球やヘモグロビンが生成される際に、鉄の吸収を促進する。通常の食生活であれば、欠乏症や過剰症はほとんど起こらないとされている。

ミネラル　微量ミネラル

モリブデン

効果　エネルギー／構成材料／体内調節／筋力／スタミナ／疲労回復／その他

「モリブデン」は、核酸と含硫アミノ酸の代謝に必要なミネラル。体内の代謝を助ける、貧血を予防する機能も認められている。不足すると頻脈性不整脈、頭痛などの症状が生じるとされ、主に大豆食品から摂取することができる。

ミネラル　微量ミネラル

クロム

効果　エネルギー／構成材料／体内調節／筋力／スタミナ／疲労回復／その他

「クロム」はインスリンの働きを助けるとされているミネラル。生体内に存在する量はわずかだが 、インスリン作用を増強することで正常な代謝の維持に関与している。

栄養素のような作用がある機能性成分とは？

「機能性成分」とは一般に、**人間の生命活動において必須ではないが、健康の維持や生活習慣病の予防など、さまざまな効果をもたらす成分**のことを指します。本書においては、前頁までに紹介した主要栄養素以外の成分と捉えていただければＯＫです。

ボディメイクの世界では、多くの機能性成分が注目されています。「カフェイン」や「クレアチン」などトレーニング時のパフォーマンスを上げるもの、「クエン酸」や「ＧＡＢＡ」など疲労回復に役立つもの、「ベタイン」や「クルクミン」など体内調節を助けてくれるものなど、その機能はさまざま。これらを目的に応じて摂取することで、さらなるステップアップが期待できます。

一方で、研究が進んでいない成分も多いため、正しい情報を得るとともに、**自身の身体と対話をしながら、効果を確認する**ことが求められます。また、あくまで5大栄養素が基本であることを忘れてはならず、機能性成分への過度な期待は要注意です。

地球上には無数の栄養素が存在し、今後も多くの機能性成分が発見されていくでしょう。その中から、特にボディメイクに直結する成分について紹介していきます。

機能性成分

機能性成分

カフェイン

効果 エネルギー／構成材料／体内調節／筋力／スタミナ／疲労回復／その他

コーヒー豆、茶葉、カカオ豆などに含まれる「カフェイン」は、苦味を特徴とする天然成分で、数多くの食品や飲料に添加されている。脳を覚醒する働きがあり、古くは薬としても用いられた。作業効率化や気分転換に役立つ他、利尿作用もあり、むくみの解消にも貢献する。最近では脂肪の燃焼促進効果も判明しており、ダイエットにおいても活用される。ただし依存に陥りやすい成分でもあるため、摂取量には注意が必要。

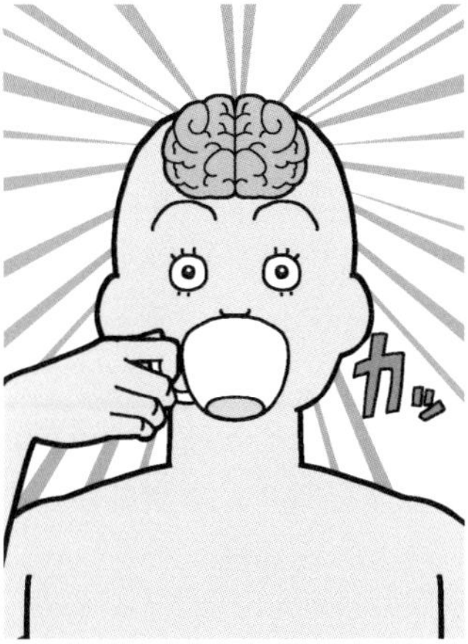

最大筋力がアップ！

カフェインには最大筋力を向上させる[※1]効果があるとされる。強い筋力を発揮するためには脳の神経活動を高める必要があるが、この作用に関与する「ドーパミン」の放出を促すことが理由だと考えられている。

主な食材＆摂取目安

コーヒー豆、茶葉、カカオ豆など。健康な成人における１日あたりの摂取量は、最大400mgとされる。

バズーカメモ

午前中のカフェイン摂取(約 240mg)は、身体を目覚めさせるだけでなく、代謝を活性化してくれる。プラセボと比べ 11 ～ 13％多く脂肪が燃焼されたという[※2]報告もあり、筋力向上効果と合わせて適切な摂取量を考慮すると、朝とトレーニング前に摂取するのが望ましいだろう。

※1 Grgic J et al.,2019／Davis JK et al., 2009

※2 Ramírez-Maldonado M et al.,2021

機能性成分

クレアチン

効果 エネルギー／構成材料／体内調節／筋力／スタミナ／疲労回復／その他

アミノ酸の一種「クレアチン」は、人間の体内で合成可能。そのほとんどは「クレアチンリン酸」として筋肉に存在し、筋収縮のエネルギーであるATPの再合成で利用される。「アルギニン」「グリシン」「メチオニン」などから合成されるが、体内で合成されるのは１日の必要量の半分程度であり、蓄積量にも限界がある。さらに年齢とともに合成速度が低下するため、不足分を食事やサプリメントで補うことも重要。

最速・最短・最強のエネルギー系

クレアチンの貯蓄量と必要摂取量

クレアチンとクレアチンリン酸を合わせた「総クレアチン」が筋肉に貯蔵される量は、体重70kgで約120gとされる[※1]。このうち１日１～２gが排泄されることから、１～３gの補充が必要であるが、その半分が体内で生成され、残りを食事から摂取する必要がある。不足すると、筋肉量、筋力、運動能力の低下といったマイナスの影響が及ぶため、積極的に摂取したい。

※1 Kreider RB et al.,2017

クレアチンローディングの方法

体重70kgの場合

最初の１週間 ⟶ **21g／1日**

‖

総クレアチン量を増やす

↓

その後

⟶ **3〜5g／1日＝維持**

総クレアチンを筋肉に貯蔵できる量は、最大160g程度と推定されている。パフォーマンス向上などを理由に、初めてクレアチンを摂取する際には、通常よりも摂取量を多くし、貯蔵される総クレアチン量を増やすことが有効。[※2]この方法ではまず、最初の１週間程度、「体重１kgあたり0.3g／１日」を摂取。その後、１日に３〜５gを摂取することで、増やした貯蔵量を維持していく。「クレアチンローディング」と呼ばれるこのテクニックは、ボディメイク界でよく用いられる。

クレアチン摂取のタイミング

強度（重量）８％UP

トレーニング直前群と直後群に分けてクレアチン摂取を比較した研究[※3]では、最大筋力の増加、筋厚の増加、身体組成の変化について差がなく、摂取タイミングが影響を与えないことを示唆している。また近年では、トレーニング中に摂取する効果[※4]が検討されている。

主な食材＆摂取目安

牛肉、豚肉など肉類、にしん、さけ、まぐろなど魚類。必要な消費量は１日あたり２g程度で、毎日の食事から摂取することができる。

バズーカメモ

クレアチン摂取によるトレーニングへの効果は、中でも高重量を扱う種目で効果を発揮することが多い。スクワットやレッグプレスの強度（重量）を８％増加させるとする研究[※5]もある。

※２ Kreider RB et al.,2017
※３ Ribeiro F et al.,2021
※４ Mills S et al.,2020
※５ Lanhers C et al.,2015

機能性成分

マカ

効果　エネルギー／構成材料／体内調節／筋力／スタミナ／疲労回復／その他

「マカ」はペルーに自生する根菜類の植物。主成分である炭水化物、アミノ酸の「アルギニン」、天然色素のアントシアニン、ビタミンやミネラルなど、さまざまな栄養素を含んでおり、インカ帝国では古くから栄養源として活用されてきたことから〝アンデスの女王〟とも呼ばれる。滋養強壮や精力増強、抗酸化、生殖機能向上、持久力強化の作用があるとされ、宇宙飛行士たちの宇宙食としても注目されている。

マカの持久力向上効果

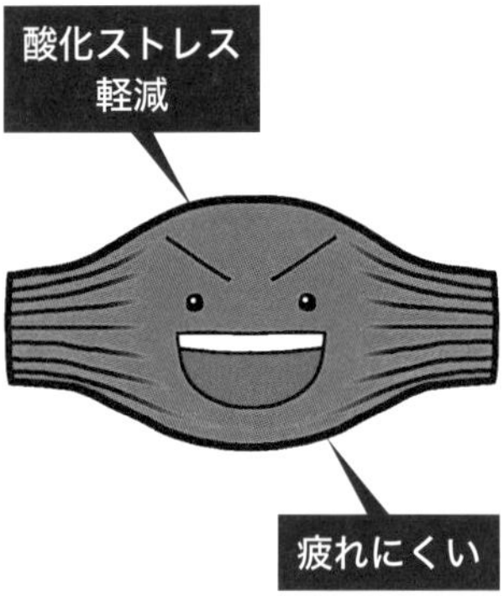

マウスを用いた研究[※1]では、マカの抽出物が、足の把持筋力と持久力を向上させた。運動による酸化ストレスを防ぎ、筋疲労を軽減したと考えられており、パフォーマンス向上と疲労軽減の効果が期待される。

主な食材&摂取目安

1日あたりの摂取量の目安は1.5〜5.0g。

バズーカメモ

マカは近年、抗酸化、抗炎症、抗疲労作用が報告されており、更年期障害の症状改善や肌の老化防止なども期待されている。機能性植物性食品として人気を高めており、サプリメントとして販売されることも多くなった。

※1 Zhu H et al.,2021

機能性成分

カプサイシン

効果 エネルギー／構成材料／体内調節／筋力／スタミナ／疲労回復／その他

「カプサイシン」は、唐辛子に含まれる、辛味として作用する成分。エネルギー代謝で作用するアドレナリンの分泌を促すことで、脂肪の燃焼に貢献する。また、血管を拡張させ血圧を下げる効果や発汗の促進、冷え性の改善なども期待できる。少量の摂取は口や胃が適度に刺激されて食欲が増すが、大量の摂取は粘膜が傷つきやすくなる。

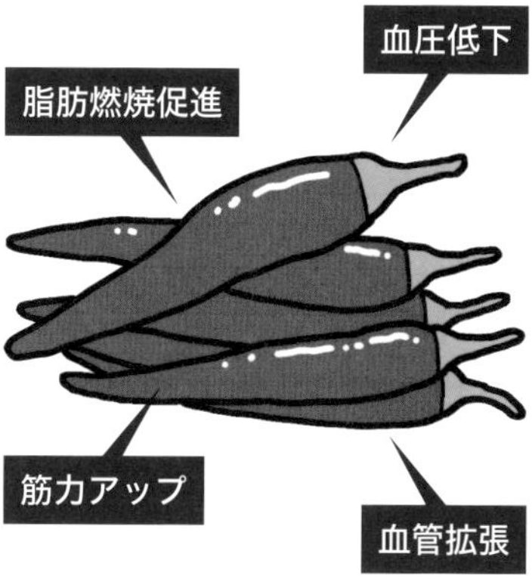

カプサイシンのトレーニング効果

若い男性を対象にスクワットを用いた研究[※1]では、総挙上重量の向上が確認されている。また、HIIT（高強度間欠的運動）を用いた別の研究[※2]では、運動中の主観的運動強度と心拍数が低下した報告もあった。

主な食材&摂取目安

唐辛子、唐辛子粉末を使った料理、調味料など。1回あたりの摂取量の目安は、体重1kgに対して5mg。

バズーカメモ

カプサイシンは香辛料に含まれ、筋力向上や脂肪燃焼を目的に、好んで摂取するボディビルダーもいる。辛いものが苦手な人は食事からの摂取が困難だが、サプリメントなら摂ることも可能。食欲の増進など、副次的な効果も期待できる。

※1 Conrado de Freitas M et al.,2018
※2 de Freitas MC et al.,2022

機能性成分

コエンザイムQ10

効果	エネルギー	構成材料	体内調節	筋力	スタミナ	疲労回復	その他

「コエンザイムQ10」は、ミトコンドリアに存在し、エネルギー物質であるATPの大部分を生成している補酵素の1つ。ビタミンと似た作用を持つことから、「ビタミンQ」と呼ばれることもある。心筋や骨格筋、肝臓、腎臓で重要な役割を担っており、体内に十分に存在することで効率良くエネルギーが産生される。加齢とともに体内から減少するため、それに伴って脂質の代謝も減少していく。

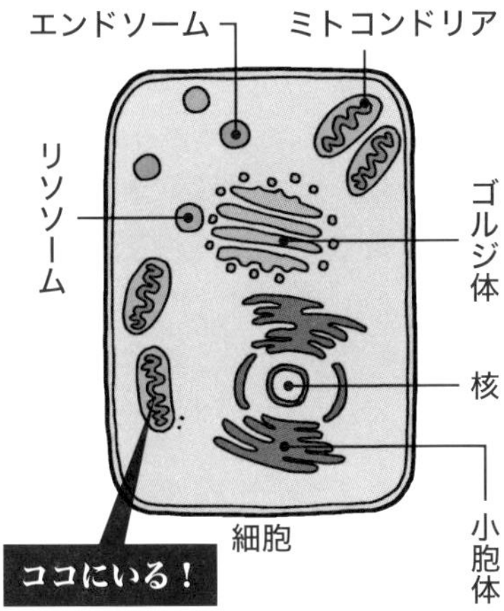

疲れにくい身体づくりが可能に

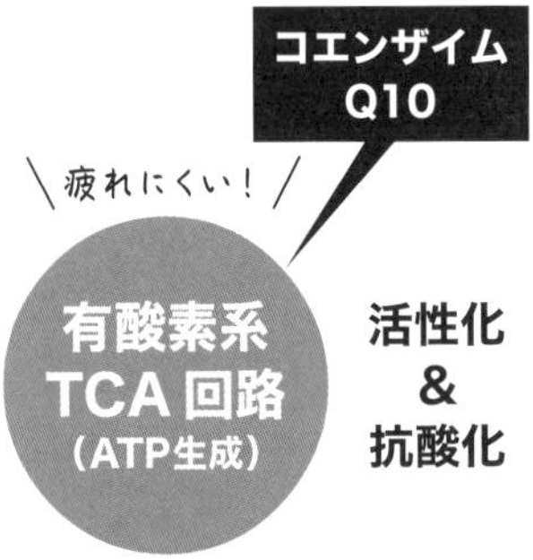

ATPの生成作用を活性化するコエンザイムQ10には、疲れにくい身体を維持する役割がある。さらに強い抗酸化作用もあり、活性酸素から身体を守ってくれる。そのため、加齢性病態を抑制する栄養補助食品としても活用される。

主な食材&摂取目安

いわしやさばなどの青魚、牛肉、豚肉、ナッツ類など。1日あたりの推奨摂取量は100mg。

バズーカメモ

臓器でのコエンザイムQ10の濃度は20代をピークに年齢とともに減少することが指摘されている[※1]。特に心臓では40代で20代の60〜70%程度まで低下、80代では40%程度までコエンザイムQ10の量が低下するとも言われる。

※1 Kalén A et al.,1989

機能性成分

α-リポ酸

効果	エネルギー	構成材料	体内調節	筋力	スタミナ	疲労回復	その他

ミトコンドリアに存在する「α-リポ酸」は、クエン酸回路に直接作用し、活性化を促進する栄養素。糖質代謝を中心に運動時のエネルギー供給をサポートする他、疲労感の軽減、生活習慣病などの予防にも役立つ。水溶性と脂溶性の両方の性質を持つことから、すべての細胞に取り込まれることが特徴。また、食欲を抑えることによる減量効果、筋肉におけるインスリン感受性の向上などの機能も持つ。

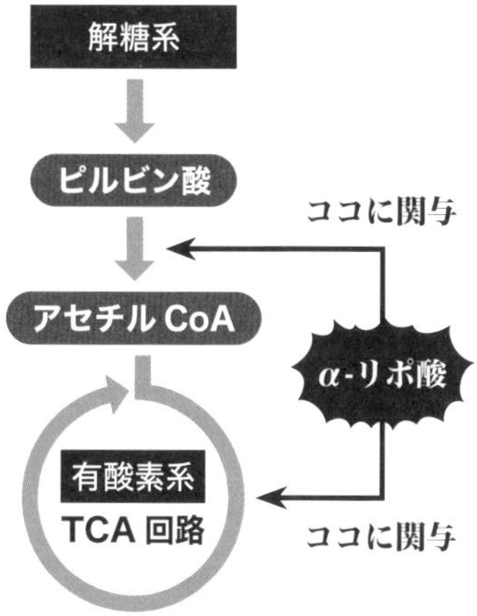

α-リポ酸とクレアチンの同時摂取

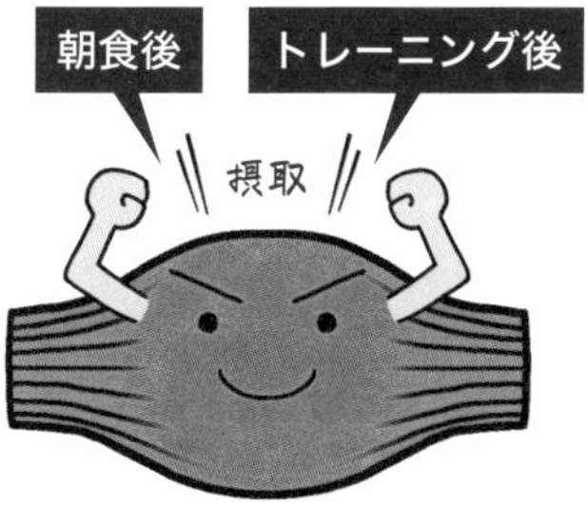

エネルギー代謝活性化

α-リポ酸が「ブドウ糖（グルコース）」の骨格筋への取り込みを促進することが判明。また、「クレアチン」とともに摂取すると、クレアチンの取り込みが増加することも明らかにされた[※1]。

主な食材&摂取目安

牛、豚のレバー、ほうれん草、トマト、ブロッコリーなど。摂取量目安は定められていない。

バズーカメモ

天然に存在する抗酸化物質で、クエン酸回路を活性化させるα-リポ酸は、トレーニーの強い味方である。サプリメントも普及しており、朝食後とトレーニング後に100～200mg程度を摂取すると、エネルギー代謝の活性化に効果があるとされる。

※1 Burke DG et al.,2003

機能性成分

クエン酸

効果 エネルギー / 構成材料 / 体内調節 / 筋力 / スタミナ / 疲労回復 / その他

ミトコンドリア内で働くクエン酸回路を動かすためには、８種類の酸を要する。その１つが「クエン酸」であり、クエン酸回路内では中心的な役割を担っている。一般には柑橘類や梅干しなどの酸味成分を指すが、酸味は食欲を増進させるため、夏バテ対策などで活用される。また、乳酸の分解や新陳代謝の補佐といった作用から、疲労回復効果があるとも言われている。その他、「マグネシウム」や「カルシウム」を効率的に吸収する働きもある。

※ 乳酸＝疲労物質ではない。

中心的存在

有酸素系
別名**「クエン酸回路」**

クエン酸摂取のタイミング

運動前の摂取で

疲労軽減！

クエン酸の疲労回復効果を期待し、運動後に摂取するケースが多いが、クエン酸回路の活性化によりエネルギー生成がスムーズになり、また運動中に生成される乳酸の分解が促進されるため、運動前の摂取が効果的。

主な食材＆摂取目安

レモン、オレンジ、グレープフルーツ、梅干しなど。推奨摂取量は定められていない。

バズーカメモ

クエン酸は、毎日摂取しても問題がない栄養素。ただし一度に大量に体内にとどめられない性質があり、余剰分は排出されてしまう。一度にまとめて多量摂取するのではなく、１日数回に分けて摂取するのがおすすめだ。

機能性成分

キトサン

効果	エネルギー	構成材料	体内調節	筋力	スタミナ	疲労回復	その他

甲殻類に多く含まれる
動物性の食物繊維

主な食材&摂取目安

かにやえびなどの甲殻類。1日あたりの摂取量の目安は0.5~1.0g。

「キトサン」は、かにやえびなど甲殻類に含まれる天然素材「キチン」を加水分解して得られる動物性の食物繊維。サプリメントの他、外科手術の糸や人工皮膚にも用いられる。胆汁と結合して悪玉コレステロールや有害物質を吸着し、排出させる作用を持つ。また肥満予防や免疫力向上の効果が期待されることから、青汁などの健康食品に含まれることも多い。その他、血圧の改善作用も期待される。

バズーカメモ

肥満患者を対象にした研究[※1]では、キトサンの摂取によりインスリン感受性が増加し、体重、ウエスト周囲径、BMI が減少。

機能性成分

硝酸塩

効果	エネルギー	構成材料	体内調節	筋力	スタミナ	疲労回復	その他

持久系運動で疲れにくい！

主な食材&摂取目安

ビーツ、ほうれん草などの野菜、根菜類。体重1kg あたり3.7mg。

近年、スーパーフードとして注目されているビーツ（ビートルート）や、ほうれん草などの野菜に多く含まれる「硝酸塩」は、口の中の細菌によって、血流促進効果のある一酸化窒素に変換される。スポーツパフォーマンス改善に役立つことがわかっており、持久系運動における疲労困憊までの時間を最大25％ほど延長する他、インターバルトレーニングの効果を高めるのにも役立つ[※2]。

バズーカメモ

体内のエネルギー生産工場であるミトコンドリアでの酸素の交換効率を高め、エネルギー源を生み出すコストを削減する効果も[※3]。

※1 Hernández-González SO et al.,2010
※2 Domínguez R et al.,2018
※3 Maughan RJ et al.,2018

機能性成分

ポリフェノール

効果 エネルギー／構成材料／体内調節／筋力／スタミナ／疲労回復／その他

「ポリフェノール」は、苦味や色素の成分として大部分の植物に存在し、自然界に8,000種類以上あるといわれる成分。赤ワインの「アントシアニン」、チョコレートの「カカオポリフェノール」、コーヒーの「コーヒーポリフェノール（クロロゲン酸）」などがよく知られるが、「カテキン」「クルクミン」なども含まれる。強い抗酸化作用が特徴で、水に溶けやすいため短時間で作用する一方、効果は長時間持続しない。

主な食材&摂取目安

コーヒー、赤ワイン、抹茶など。1日あたりの理想的な摂取量目安は1,000～1,500mg以上と考えられている。

バズーカメモ

動脈硬化予防が期待されるカカオポリフェノールは、ココアやチョコレートのように素材を直接食べることができる成分だ。

機能性成分

アルコール

効果 エネルギー／構成材料／体内調節／筋力／スタミナ／疲労回復／その他

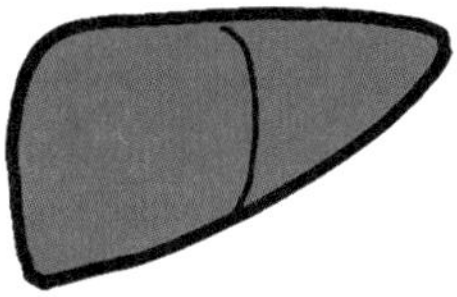

アルコールは肝臓で分解される

「アルコール」は酒の主成分の1つで、広義には酒そのものを指す。酔いなどの作用が代表的で、リラックスやストレス解消に貢献する。摂取後は肝臓で「アセトアルデヒド」に変わった後、全身のミトコンドリア内で代謝されエネルギーを獲得できるが、肝臓がその作用に追われることで筋タンパク合成が減少する。また、血糖値が下がることで、筋肉を分解してアミノ酸を放出してしまう。

主な食材&摂取目安

厚生労働省が推進する「健康日本21」によると、「節度ある適度な飲酒量」は1日平均純アルコールで20g程度。

バズーカメモ

筋トレ後にアルコールとプロテインを同時摂取した群は、プロテイン単独摂取の群より24%筋合成率が低下したとの報告[※1]も。

※1 Parr EB et al.,2014

機能性成分

ピペリン・バイオペリン

効果 エネルギー／構成材料／体内調節／筋力／スタミナ／疲労回復／その他

黒こしょうから抽出された成分「バイオペリン」は、辛味成分「ピペリン」を含む特許取得成分。血管を拡張し血流を促進する働きがあり、むくみの予防に効果がある。最大の特徴は、一緒に摂取した成分の吸収率を向上させること。アミノ酸、ビタミン、ミネラルなどの効果を引き出すことから、ミックスタイプのサプリメントに配合されていることが多い。

主な食材&摂取目安

ピペリンはこしょうの実に含まれる。

バズーカメモ

「ロイシン」「β-カロテン」「コエンザイムQ10」「クルクミン」など、多くの栄養素の吸収が高まることが報告[※1]されている。

機能性成分

アシュワガンダ

効果 エネルギー／構成材料／体内調節／筋力／スタミナ／疲労回復／その他

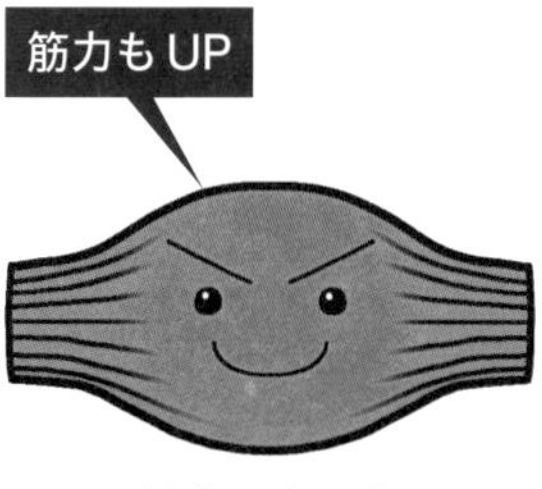

健康長寿の薬

「アシュワガンダ」は、インドで長い歴史を持つアーユルヴェーダという療法で健康と長寿の薬として重用されてきたハーブの一種。滋養強壮、体力向上、抗ストレス、免疫力向上、抗炎症などの効果があるとされる。サプリメントとしても販売されており、近年は日本でも栽培され、お茶として販売されることもある。筋力の向上を報告する研究[※2]もある。

主な食材&摂取目安

一般的に350～500mgが適量とされる。

バズーカメモ

ベンチプレスを用いた研究[※2]では、アシュワガンダの摂取群に筋量と筋力の増加が見られている。

※1 Johri RK et al.,1992／Badmaev V et al.,1999／Badmaev V et al.,2000／Shoba G et al.,1998

※2 Wankhede S et al.,2015

機能性成分

リコピン

効果 エネルギー／構成材料／体内調節／筋力／スタミナ／疲労回復／**その他**

「リコピン」は、植物に含まれる色素成分「カロテノイド」の一種。カロテノイドの中でも強い抗酸化作用を備え、「ビタミンE」の約100倍以上とされることもある。トマトに多く含まれるが、完熟したトマトほど含有量が高く、未熟なトマトでは半減してしまう。トマトジュース、トマトペースト、トマトケチャップなど加熱加工された食品が吸収されやすいといわれており、サプリメントでの摂取も可能。

主な食材&摂取目安

トマト、トマトの加工食品など。1日あたりの摂取量の目安は15～20mg。

バズーカメモ

リコピンには、脂肪燃焼の促進効果があることが明らかになっている[※1]。トマトは中性脂肪を減らす「13-oxo-ODA」[※]も豊富だ。

※脂肪燃焼を促進するリノール酸の仲間。

機能性成分

ルテイン

効果 エネルギー／構成材料／体内調節／筋力／スタミナ／疲労回復／**その他**

天然のサングラス

色素成分「カロテノイド」の1つ「ルテイン」は、目の水晶体や黄斑部などにも存在する成分。紫外線やブルーライトから目の網膜細胞を保護することから〝天然のサングラス〟とも呼ばれる。緑黄色野菜に多く含まれており、強い抗酸化作用を持つことが特徴。活性酸素を抑制することからも、目の老化や病気を防ぐ効果が期待されており、サプリメントや健康食品として人気が高まっている。

主な食材&摂取目安

ブロッコリー、ほうれん草、にんじん、かぼちゃなど。1日あたり摂取量の目安は6mg以上が望ましい。

バズーカメモ

ルテインが不足すると、黄斑変性や白内障などが起こりやすいとされる[※2]。肝機能の維持にも役立つと考えられている。

※1 Kim Y-I et al.,2012
※2 Kim JE et al.,2012

機能性成分

GABA

効果　エネルギー／構成材料／体内調節／筋力／スタミナ／疲労回復／その他

リラックス効果あり

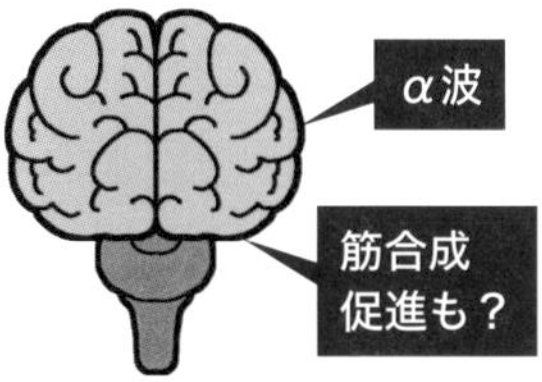

「GABA《ギャバ》」はアミノ酸の一種で、リラックス効果が注目されている成分。リラックス時に現れる脳波「α波」を増加させる効果が明らかになっている。GABA 100mgを摂取させた実験※1では、ストレス緩和の有効性が示唆されている。緊張や不安を軽減するだけでなく、血圧の低下による脳卒中の予防、更年期障害にみられる不定愁訴の改善なども期待されている。

主な食材&摂取目安

トマト、ケール、パプリカ、メロン、バナナ、ぶどうなどの野菜や果物。1日あたりの摂取量の目安は50～100mg。

ラットにGABAを摂取させたところ、成長ホルモンの濃度、タンパク質の合成速度が高まった実験※2がある。

機能性成分

ベタイン

効果　エネルギー／構成材料／体内調節／筋力／スタミナ／疲労回復／その他

トレーニング量が向上

「ベタイン」はアミノ酸の一種で、植物や水産物などに含まれる天然物質。甘味やうま味に関わり、食品添加物では調味料に分類される他、化粧品などにも使用されている。サプリメントでも販売されており、パウダー状の商品も多い。塩酸と結合した「塩酸ベタイン」は、胃酸を補助し、胃の正常な機能を維持してくれる（胃酸が弱いと必須ミネラルの吸収も低下）。また、脂肪肝や肝硬変の改善効果が期待されている。

主な食材&摂取目安

1日あたりの摂取量の目安は400～1,000mg。たこ、いか、えび、かに、貝類、きのこ類など。

6週間のベタイン補給が、身体組成の改善やトレーニング量を向上させる効果を認めたとする研究※3がある。

※1 Yoto A et al.,2012
※2 Tujioka K et al.,2007
※3 Cholewa JM et al.,2013

機能性成分

トンカットアリ

効果 エネルギー／構成材料／体内調節／筋力／スタミナ／疲労回復／その他

テストステロンの上昇

「トンカットアリ」は熱帯雨林に自生するニガキ科の植物。強壮剤として使用されてきた歴史を持つ。特に男性ホルモン「テストステロン」の分泌を促し、疲労の抑制、体力の向上などの効果が期待される。男性においては性機能を高める他、女性においても性ホルモンの分泌を促し、更年期障害の症状を抑えるなどの効果も望める。血行改善によりむくみや冷えを改善する作用もある。

主な食材&摂取目安

１日あたりの摂取量の目安は80mgとされる。

バズーカメモ

高齢者を対象にした研究[※1]だが、トンカットアリの摂取により筋量の増加、筋力の強化が認められたとする報告もある。

機能性成分

クルクミン・ウコン

効果 エネルギー／構成材料／体内調節／筋力／スタミナ／疲労回復／その他

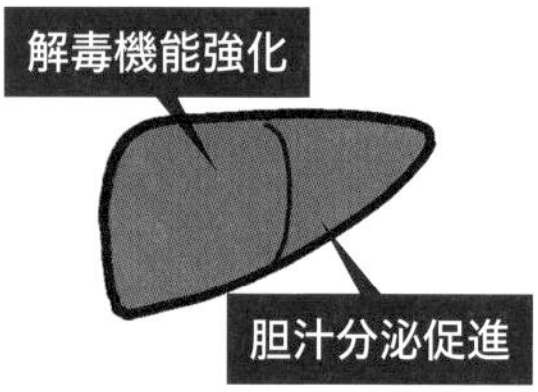

コレステロール値の低下

ポリフェノールの一種「クルクミン」は、東南アジア原産のショウガ科の植物「ウコン」などに含まれる黄色の色素成分。肝臓の解毒機能強化、胆汁の分泌促進などの作用があり、コレステロール値の低下などの効果が期待されている。カレー粉の主成分でもあるウコンは、サプリメントとして普及し、食欲増進や、関節炎、消化器障害、うつ病の改善に効果があるとされる。

主な食材&摂取目安

ウコン、カレー、たくあんなど。１日あたりの摂取量の目安は、体重１kgあたり３mgと設定されている。

バズーカメモ

黒こしょうに含まれる「ピペリン」は、クルクミンの吸収を促進する。カレーの調合はインド人の知恵なのだ。

※1 Henkel RR et al.,2014／Tambi M et al.,2012

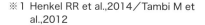

機能性成分

ルチン

効果　エネルギー／構成材料／体内調節／筋力／スタミナ／疲労回復／その他

除脂肪目的なら
韃靼そばがおすすめ！

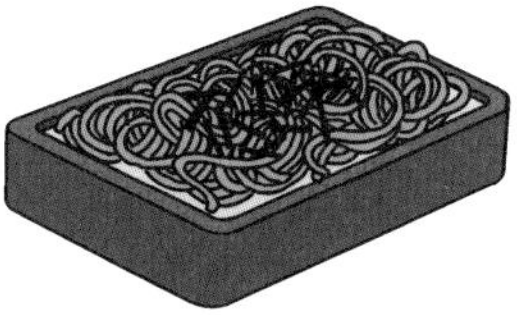

ポリフェノールの1つである「ルチン」は、抗酸化作用を持つ水溶性のビタミン様物質で、そば、特に韃靼《だったん》そばに多く含まれている。ビタミンCの吸収促進、毛細血管強化による心疾患・脳血管疾患・動脈硬化の予防や改善に効果がある。さらに、糖尿病・認知症の予防、脂質代謝改善などにも有効とされる。下記のケルセチンは、ルチンの代謝産物でもある。

主な食材&摂取目安

そば（韃靼そばに特に多い）、アスパラガス、トマトなど。摂取目安は、1日に20～30mgとされる。

バズーカメモ

ルチンはケルセチンに分解されるが、韃靼そばなら、ルチン分解酵素活性が低い。除脂肪目的でそばを食べるなら韃靼そばがおすすめ。

機能性成分

ケルセチン

効果　エネルギー／構成材料／体内調節／筋力／スタミナ／疲労回復／その他

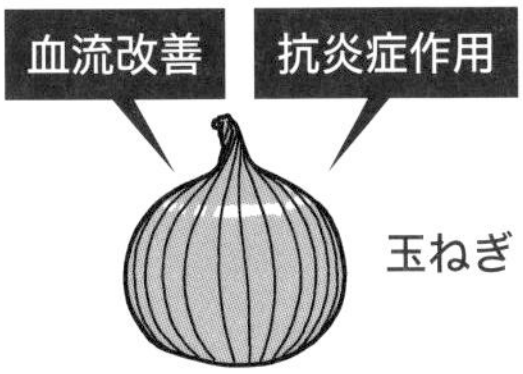

筋量の減少を抑えるかも？

ポリフェノールの一種「ケルセチン」は、玉ねぎなどに多く含まれる成分。血流の改善、動脈硬化の予防などの効果、抗炎症・抗酸化作用が認められる。関節痛を緩和するともいわれており、高齢者に多い変形性膝関節症を改善することが期待されている。最近では肥満の予防効果、抗酸化作用による筋量の減少を抑える効果があるともいわれ、研究が進められている。

主な食材&摂取目安

玉ねぎ、りんご、サニーレタス、ブロッコリー、モロヘイヤなど。1日あたりの摂取量の目安は250～500mg。

バズーカメモ

活性酸素を除去するケルセチンは、筋量の減少を抑える効果が期待される[※1]。加齢に伴う筋量の減少と闘ってくれるかもしれない。

※1 Mukai R et al.,2010

機能性成分

ギムネマ

効果　エネルギー／構成材料／体内調節／筋力／スタミナ／疲労回復／**その他**

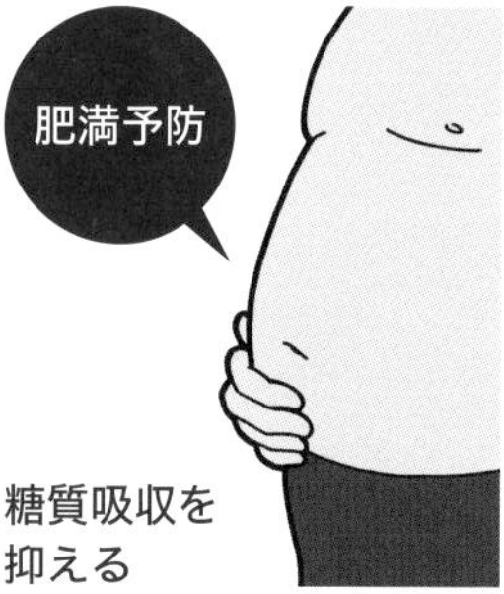

「ギムネマ」は、インド原産のハーブの一種。葉を噛むと一時的に甘味を感じにくくなる作用がある。この作用の原因と考えられている「ギムネマ酸」は、苦味や酸味、塩味には影響せず、小腸での糖質の吸収を抑える働きがあることから、肥満を予防する食品素材として用いられることもある。ギムネマ葉を乾燥させたハーブティー、抽出された成分を配合したサプリメントが存在している。

主な食材&摂取目安

摂取目安量は定められていない。

バズーカメモ

ギムネマの抗肥満作用は、小腸における GIP[※]というホルモンの分泌を低下させる働きによるものだと考えられている[※1]。

※GIP：脂肪組織へグルコースの取り込みを促進

機能性成分

シナモン

効果　エネルギー／構成材料／体内調節／筋力／スタミナ／疲労回復／**その他**

賛否あり。

シナモンの減量効果

「シナモン」は、古くから香辛料や漢方薬として使用され、料理にも多用されることから〝スパイスの王様〟と呼ばれる。独特の香りのもとになる「桂皮アルデヒド」は、消化を促進する効果があるとされる。糖尿病、過敏性腸症候群などの改善も期待されている。子宮への影響も考えられ、妊娠中の過度の摂取は避けることが望ましいとされる。

主な食材&摂取目安

１日あたりの摂取量の目安は２g 程度。

バズーカメモ

一部でシナモンによる減量効果や糖尿病に対する効果が示されているが、明確なエビデンスは乏しい（厚生労働省より）。

※１ Fushiki T et al.,1992

機能性成分

ガラナ

効果　エネルギー／構成材料／体内調節／筋力／スタミナ／疲労回復／その他

摂取後12時間

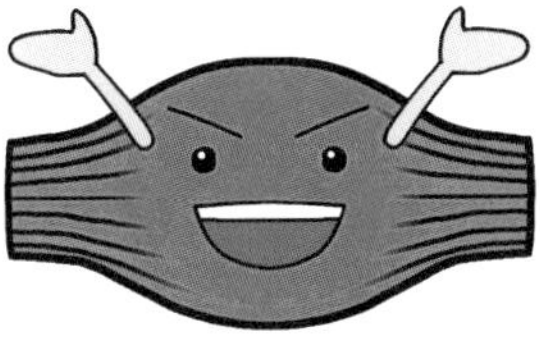

代謝が3～11％UP

「ガラナ」は、アマゾン流域原産のつる植物。「カフェイン」などさまざまな物質を含むことが特徴。また、「カテキン」など抗酸化物質も備えている。飲料水やサプリメントなどに使用されており、特に集中力や興奮を目的としたエネジードリンクに用いられることが多い。多量の摂取はカフェインのような副作用もあるので注意。

主な食材＆摂取目安

摂取量の目安は、カフェインを基準に考える場合、成人で1回200mg。

バズーカメモ

カフェインが豊富なガラナは、12時間にわたり代謝を3～11％高める可能性が示唆[※1]されているが、効果は未解明な部分が多い。

機能性成分

カテキン

効果　エネルギー／構成材料／体内調節／筋力／スタミナ／疲労回復／その他

除脂肪にも効果

ポリフェノールの一種「カテキン」は、植物に含まれている苦渋味成分。強い抗酸化作用、殺菌・抗菌作用を持つことから、生活習慣病や肥満の予防、細菌やウイルスからの身体の保護などの効果がある。緑茶、紅茶、ウーロン茶などに含まれるが、中でも緑茶の含有量が多い。カテキンの中でも最も効果が強力なのが「エピガロカテキンガレート（EGCG）」とされる。

主な食材＆摂取目安

緑茶など。摂取目安量は定められていない。

バズーカメモ

EGCGには除脂肪効果があり、「カフェイン」と摂取すると効果が高まるとされる[※2]。腸内環境も整えることから積極的に摂取したい。

※1 Santos J et al.,2014
※2 Jówko E .,2015

機能性成分

ガルシニア

効果 エネルギー／構成材料／体内調節／筋力／スタミナ／疲労回復／その他

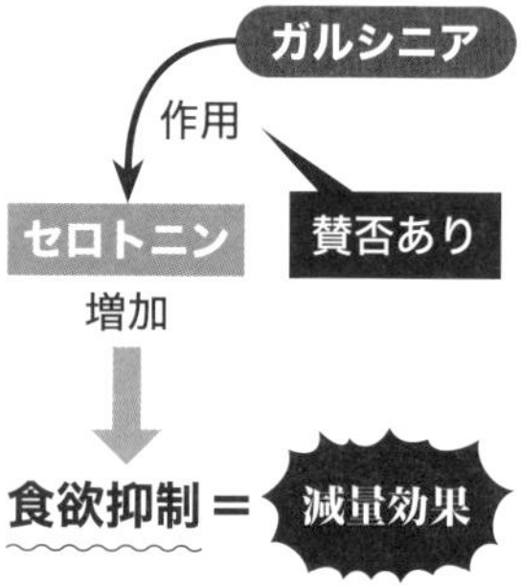

「ガルシニア」は、東南アジアなどに自生するフクギ科の植物。柑橘類に似た強い酸味が特徴で、調味料として使用されるが、近年はダイエットを目的としたサプリメントに配合されることで知られる。ガルシニアを乾燥させた皮から発見された成分「ハイドロキシクエン酸」は、「クエン酸」の構造と類似するが、酵素と結合しやすく、食欲を抑制し満腹感を与えるなどさまざまな働きをする[※1]。

主な食材&摂取目安

１日あたりの摂取量の目安は0.5～1.5g。

バズーカメモ

減量効果に関しての研究はいくつかあるが、効果について信頼できる最近の研究は少ないとしている。（厚生労働省）

機能性成分

共役リノール酸

効果 エネルギー／構成材料／体内調節／筋力／スタミナ／疲労回復／その他

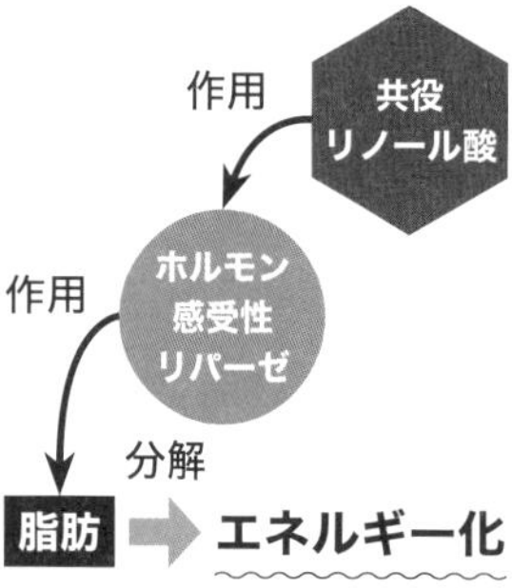

不飽和脂肪酸の一種である「共役リノール酸」は、乳製品に多く含まれる成分。脂肪を分解しエネルギーを産生する酵素「ホルモン感受性リパーゼ」に働きかけ、脂肪を分解して筋肉でエネルギーとして消費することで代謝を活性化する。体内で合成できないことからサプリメントで補うことが有効で、体重を減らす効果が報告されたことにより普及。欧米人と比べ、日本人は特に摂取量が少ないとされる。

主な食材&摂取目安

牛乳やバター、牛肉など。1日1,000～2,000mg 程度。

バズーカメモ

ホルモン感受性リパーゼは、運動すると活発化する酵素。共役リノール酸は運動に似た脂肪燃焼効果があると考えられている[※2]。

※1 Anton S et al.,2011

※2 Smedman A et al.,2001／Blankson H et al.,2000

第4章

栄養学の知識を自分のカラダに落とし込め！

筋肉を大きく育てる「筋肥大」の食事管理

筋肥大をさせたい場合は、摂取エネルギー量が消費エネルギー量を上回ることが原則です。エネルギーが不足すると、筋肥大効果は損なわれます。**増量期は、食べやすい炭水化物や、エネルギー密度の高い脂質を食べ、摂取エネルギー量を増やすことで強度やボリュームの高いトレーニングを行い、しっかり栄養学的にリカバリーして筋肥大を狙う時期です**。また、筋肉を合成するための材料である「タンパク質」も不可欠です。トレーニングによって筋肉に刺激が入ると、タンパク質から分解されたアミノ酸が筋タンパク質合成に使われ、筋肉が太くなります。筋肉は同時に分解されていくので、筋タンパク質の合成量が分解量を上回っていることがポイント。トレーニング後の筋肥大を最大化させるために、最適とされるタンパク質の１日あたりの摂取量は、**「体重×１・６〜２・０g」**とされています。体重60kgであれば、96〜１２０gのタンパク質が必要というわけです。

そしてこれを、３大栄養素のバランスを取りながら摂取するのが効果的です。このことを、「Protein（タンパク質）」「Fat（脂質）」「Carbohydrate（炭水化物）」の頭文字を取って**「PFCバランス」**といいます。

効率的な筋肥大のポイントは“消費＜摂取”＆“優れたＰＦＣバランス”

増量期の食事は、一般的に摂取を500kcal増やすことが推奨されているが、大事なのは数字ではない。ガソリンとなる炭水化物を十分に摂取し、前回を上回る強度や量のトレーニングで筋肉を刺激。そこに十分な栄養素があることで筋肥大が起こるのだ。毎回のトレーニングで限界を超えるために、必要な栄養素を摂取するという考えを持とう。

１日の消費エネルギー＋500kcalは本当か？

摂取エネルギーを500kcal増やしても満足しない心構えが重要。トレーニングの強度やボリュームは、気持ち次第で大幅に上げることができ、500kcal程度では足りないこともある。また、未刺激の筋線維は摂取エネルギーに関わりなく反応する可能性もあり、闇雲に500kcalを増やしたり、同じトレーニングをダラダラとつづけたりするのはNG。

バズーカメモ

食事は、質・量だけでなくタイミングも重要。空腹の状態がつづくと血糖値や血中アミノ酸濃度が下がり、それを補うために筋肉が分解してしまうからだ。食事を分けて回数を増やすのがベストだが、困難な場合はプロテインやバナナ、サラダチキンなどで間食しよう。

「筋肥大に必要なのは、毎回記録更新するほどのトレーニング強度＆ボリューム、そしてトレ後の十分な回復！」

筋肥大で必要になるのは、十分なエネルギー（カロリー）を摂り、かつ栄養素のバランスを整えることだ。重要な役割を果たすタンパク質、脂質、炭水化物の「PFC バランス」は、炭水化物（糖質）が５～６割、脂質とタンパク質が２～３割を目安にするといいだろう。

▶ PFCバランス

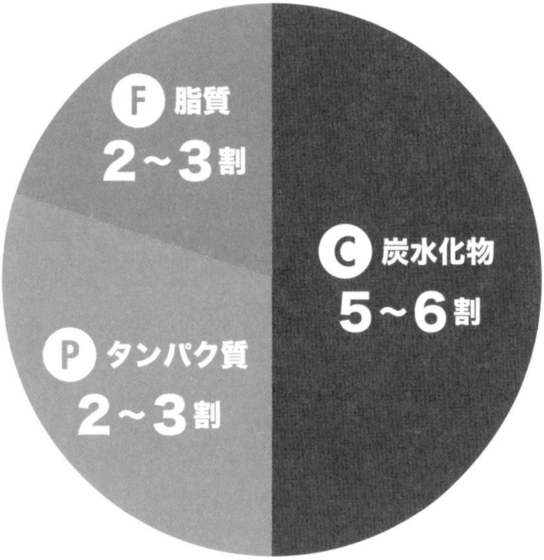

F 脂質

脂質はエネルギー源になる他、ホルモンなどの材料になる。男性ホルモンには筋肉の成長を促す働きがあることからも、脂質の摂取は有効。ただし、消化に時間がかかって次の食事量を稼げなくなったり、体脂肪として蓄積されやすかったりするなど、過剰摂取はデメリットが目立つ。

P タンパク質

摂取したタンパク質は分解され、アミノ酸となり体内に吸収される。血中アミノ酸濃度が十分であると、筋タンパク質合成を促進し、筋肉を太くしやすい。ただし、食べれば食べるほど筋肉が大きくなるわけではないので、便の状態などを考慮して自身に合った量や回数を見極めると良い。ガスがよく出る、便がいつもより臭いなどは、消化不良と考える。

C 炭水化物

摂取した炭水化物はグリコーゲンとして貯蔵され、トレーニングで速やかに使用でき、トレーニングの強度・ボリューム向上に欠かせない。消費されたグリコーゲンを素早く回復させるためにも炭水化物が必要になる。炭水化物は、アミノ酸を筋肉に運ぶ役割をする「インスリン」を放出させるという点でも重要。

量を稼ぎつつ、質やバランスも考慮せよ！

脂質を多めに摂ると、消化に時間がかかって次の食事が食べられないことも。また、タンパク質を大量に摂取しても消化不良で吸収できないばかりか、腸内環境が悪化したり、内臓に負担をかけたりする場合もある。糖質も精製された砂糖や脂質を含んだ菓子で摂取すると、体脂肪の蓄積が速やかに起こってしまう。量を稼ぎながら、質の高さやバランスの良さを追求したい。

筋肥大の食事Q&A

Q 筋肉がつきにくい体質の場合はアプローチを変える必要がある?

筋肉がつきやすい(イージーゲイン)、つきにくい(ハードゲイン)という体質の個人差は実際にあり、そこに体脂肪がつきやすい、つきにくいという体質の違いが加わる。確かに自分の体質に合わせたアプローチは重要だ。しかし、ここで勘違いしてはいけないのは、取れない体脂肪はないし、つかない筋肉はないということ。結局は理想の身体に近づけるための気持ちが大事。筋肉がつきやすい人でも心の油断からバランスが整いきらないこともあるし、つきにくい人のほうが丁寧に鍛えてバランスが整う場合もある。また体脂肪がつきやすい人のほうが、細心の注意を払っているためにきっちり絞りきることもある。心のあり方で身体は変わると、改めて強調したい。ボディタイプごとの注意点は下表を参考に。

▶ ボディタイプ別筋トレ食のポイント

	筋肉がつきやすい人(イージーゲイナー)	筋肉がつきにくい人(ハードゲイナー)
体脂肪がつきやすい人	・カロリー過多に要注意 ・筋トレと離れた時間帯に有酸素運動(余剰カロリーを削る) ・体脂肪量と見た目のモニタリング	・タンパク質と炭水化物を多めに摂取(余剰になるくらい) ・間食でタンパク質を摂取 ※身体が甘くなってきたらトレーニング量を増やすか、炭水化物を減らす
体脂肪がつきにくい人	・ボディメイクには最適の身体 ・油断せず至高のボディを目指せ	・まずは栄養をしっかり摂る意識を持つ ・1日4食以上の頻食を試みる ※トレーニング前中後に炭水化物をしっかり摂る ※高強度・短時間のトレーニングでオールアウト

Q 炭水化物の適量をチェックする方法は体重の増減?

増量期の最優先事項は、たくさん食べることではなく、高強度・高ボリュームのトレーニングで毎回記録更新するほど追い込むこと。エネルギー(糖質)が充実している状態でないとそれを達成するのは難しいし、後半までスタミナ切れにならずにクオリティを保つことも難しい。また、しっかり筋肉を回復させ、さらにエネルギーと栄養素を送り続けることで筋合成が筋分解を上回る状態をキープすることも重要だ。このようなハードトレーニングができなかったり、筋肉の張りが落ちていたり、わかりやすいところでは体重が減っていたりするようなら摂取エネルギーや栄養素が不足している証拠。そういう場合はまずは炭水化物の量を増やそう。増量期は多少の余剰による体脂肪蓄積は気にせず、とにかく記録更新を達成することでバルクアップを目指すこと。

Q 食が細くてどうしてもエネルギーが不足する場合は?

胃のスペース、消化能力、排泄能力には個人差があり、また有限でもある。増量期には炭水化物とタンパク質を中心に食事の量を増やさなければならず、食事による栄養摂取にも限界がある場合も。まず3大栄養素の摂取を優先させつつ、スーパー大麦などの穀物で高密度の食物繊維を摂ることで、腸内環境改善を試みるのも有効。ビタミンやミネラルの摂取については、カサのある野菜などがきつい場合、サプリメントに頼るとだいぶラクになる。また、脂質が低いものを選ぶのも胃もたれによる次の食事意欲低下を抑えるのに役立つ。1回の食事量を多くできないなら回数を増やして対応しよう。

筋肥大に欠かせない７つの食材

筋肥大に適した食事は、消化が良くお腹にたまらない炭水化物と豊富なタンパク質が基本。増量期は炭水化物を多めに。

1 餅、白米

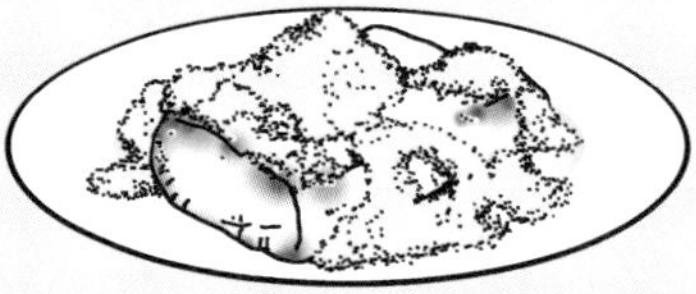

筋肥大を目的にたくさん食事を摂る際は、消化しやすいことが望ましい。白米、餅ともにとても良い食材だが、消化が良くカサも少ない餅は有効活用したい。もち米は「アミロペクチン」が100%で、消化酵素が働きやすいという特徴がある。

2 パスタ

主食の中でも、タンパク質が比較的多いのがパスタ。100g 中に５g のタンパク質が含まれ、小麦由来のタンパク質「グルテン」には「グルタミン」が豊富であるため、筋肉の分解も抑えられる。食物繊維も摂取できるメリットも。

3 卵

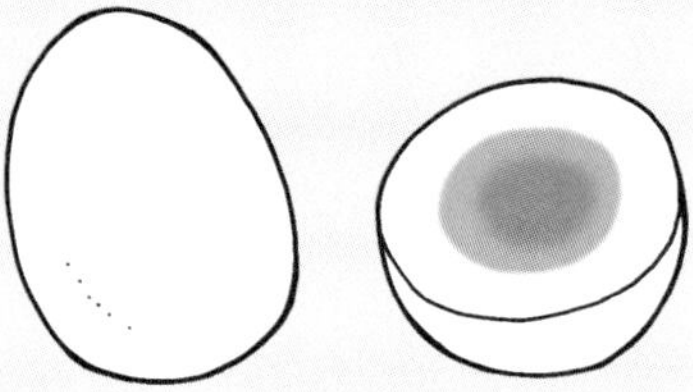

卵は極めて栄養素が豊富で、食物繊維と「ビタミンC」以外のほぼすべての栄養素が含まれるとされる。脂質も摂取でき、中でも「ホスファチジン酸」は、筋タンパク質の合成を促進する物質「mTOR」を活性化させることが示されている。

4 鶏むね肉

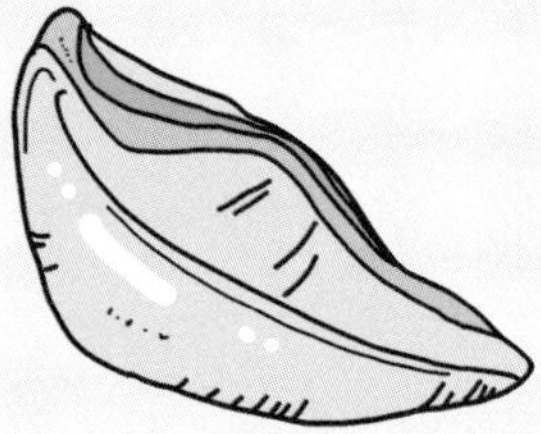

言わずと知れた高タンパク低脂肪食材の王様。コスト的にも優れている。硬い、パサパサしていると言われることもあるが、しっとり柔らかく仕上げる低温調理を活用すれば良い。鶏むね肉を基本として、**5**の考えを導入すると良い。

5 その他のタンパク質源（牛赤身肉、魚、豆類）

さまざまな動植物からタンパク質を摂ることは、さまざまなアミノ酸組成のタンパク質を摂ることであり、摂取するアミノ酸のバランスを整えることになる。また、同時に脂質も摂取できる利点も。

6 野菜、きのこ類、海藻類、穀物（食物繊維として）

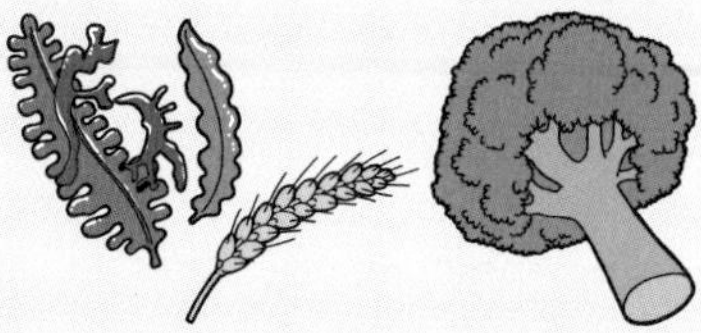

大量の栄養素を消化吸収するのは腸管であり、そのコンディションを整えることは極めて重要。野菜、きのこ類、海藻類はもちろん、それだけでは足りないので玄米や麦飯など穀物から食物繊維を摂取することも重要。

7 パイナップル・大根

バイナップルは「ブロメライン」という酵素が含まれ、タンパク質の消化がスムーズになる。加熱処理が施されている缶詰は酵素が失活しているため、1個丸ごとかカットされたものを選ぶと良い。大根には炭水化物の消化酵素である「アミラーゼ」、脂質の消化酵素である「リパーゼ」、タンパク質の消化酵素である「プロテアーゼ」が含まれ、火を通さずに食べることでその恩恵を得られる。

補足 マグネシウム

ATPの生成に欠かせないマグネシウムは、炭水化物の摂取量に応じて量を増やしたい栄養素。不足するとミトコンドリアの機能が低下してしまう。玄米、納豆、豆腐、海藻類などがおすすめ。

▶玄米

100gあたり約50mgのマグネシウムを摂取できる他、食物繊維も摂れる。

▶納豆

1パック（50g）あたり約50mgのマグネシウムを摂取でき、水溶性食物繊維（1.2g／50g）やタンパク質（8.3g／50g）も摂れる。

▶豆腐

300g（およそ1丁）に木綿豆腐で約90mgのマグネシウムと19.8gのタンパク質、絹ごし豆腐で約130mgのマグネシウムと14.7gのタンパク質を摂取できる。

▶海藻類

あおさ、わかめ、のりなどは、マグネシウム、水溶性食物繊維、ヨウ素が豊富。特にあおさが多い。

▶ほうれん草

100gあたり約70mgのマグネシウムを摂取でき、鉄やβ-カロテン、葉酸も豊富。

岡田隆のバズーカコラム

食事とプロテインをどう摂取するか？

プロテインは3時間おきに摂取

多くのトレーニーが活用しているプロテイン。その効果的な摂取方法を考えてみましょう。

トレーニング後24〜48時間は、筋タンパク質の合成が高まっており、このタイミングで戦略的にタンパク質を摂取することが、筋肥大には重要です。ある研究[※1]では、トレーニング経験のある20代を対象に、プロテインの摂取パターンを3グループに分け、効果を検証しました。①が「筋トレ後にプロテイン40gを摂取し、6時間後に同じ量のプロテインを摂取」、②が「筋トレ後にプロテイン20gを摂取し、3時間おきに同じ量のプロテインを摂取」、③が「筋トレ後にプロテイン10gを摂取し、1・5時間おきに同じ量のプロテインを摂取」です。その結果、②のグループが最も筋タンパク質の合成率が増加したと報告されています。

この研究が示唆するのは、**3時間おきに適度な量のプロテインを摂取するパターンが最も効果が高い**ということです。血中アミノ酸濃度を高く保つためには高頻度の摂取が必要ですが、1・5時間ごとに少量よりも3時間ごとに適量が優位なのは、興味深い結果です。

食事とプロテインの同時摂取で除脂肪効果あり

別の研究[※2]では、トレーニング後の食事とプロテインの摂取タイミングを比較。食事とプロテインの摂取タイミングによる筋肥大効果に有意な差は見られなかったものの、**食事とプロテインを一緒に摂取することで、脂肪量の減少がより効果的**だったことがわかりました（プロテインを食事と同時に摂取したグループと食事と別に摂取したグループの比較では、筋肥大は同時摂取グループの94%、別摂取グループの90%に認められた。一方、脂肪量の減少は同時摂取グループの87%、別摂取グルー

※1 Areta JL et al.,2013
※2 Hudson JL et al.,2018

プの59％に認められた）。

この結果からは、**筋肥大においては食事とプロテインの摂取タイミングは重要ではないが、除脂肪においては、食事とプロテインを一緒に摂取するのが効果的**ということがわかります。

その理由については、エネルギー摂取量のコントロールによるものと結論づけられています。食事とプロテインを一緒に摂取する場合、プロテインのエネルギー量を考慮して食事のエネルギー摂取量を減らすことができます。一方、毎食の間にプロテインを摂取した場合は、エネルギー摂取量のコントロールが難しく、エネルギー過多になりやすくなります。そのため、食事とプロテインを一緒に摂取したほうが除脂肪の効果が高くなるというわけです。

また、「タンパク質の摂取量の増加」も理由として挙げられています。食事と一緒にプロテインを摂取すると、一度に摂取されるタンパク質の量が増えます。タンパク質摂取量の増加は満腹感を高め、食べすぎを防いでくれるため、エネルギー摂取量を抑えてくれるのです。さらに、タンパク質の摂取は高い「食事誘発性熱産生」の効果があり、食事に伴う熱産生が増加し、エネルギー消費量が増えることも関係があると考察されています。

食事とプロテインを一緒に摂取する方法は脂肪燃焼効果を高められるため、筋肥大と除脂肪を両立したい場合に採用してみると良いかもしれません。

体脂肪を削ぎ落とす「除脂肪」の食事管理

除脂肪を効果的に行いたい場合は、大前提として、筋肉を極力減らさないことを目指します。せっかく増量期で得た筋量が台無しになってしまうだけでなく、基礎代謝量も下がるため、除脂肪においても効率が悪いからです。

また除脂肪は、ゆっくりと行うことがポイントになります。ボディビルダーを対象にした研究[※1]では、**1週間あたり「体重の0・5〜1・0%」を減量させる**方法が、短期間の急速な減量と比べ、筋肉量を維持できることを示唆しています。

食事の観点からは、**タンパク質の摂取量を増やしていくというのが有効**です。筋合成を促進することで筋量の維持・増加を目指します。また、**タンパク質は食事誘発性熱産生が大きく、体脂肪が増えにくいのもメリット**です。タンパク質を増やす分、脂質を減らす必要がありますが、脂質は食事誘発性熱産生も低く、体脂肪に蓄積されやすい栄養素であるため、こちらもメリットが大きいです。

ここからは、除脂肪を4つのフェーズに分ける実践方法をご紹介します。無理なく効率的に除脂肪ができるので、ぜひ試してみてください。

※1 Helms ER et al.,2014

筋量を減らすことなく体脂肪を落としていく

1週間 の減量ペースは 体重×0.5～1.0%

除脂肪の理想は、筋肉をなるべく減らさずに、脂肪を落としていくこと。そのためには以下４つのフェーズで焦らずやるべし。「１週間の減量は『体重×0.5～1.0%』程度でゆっくり」を意識すると良い。

４つのフェーズで順番に取り組む

４つのフェーズで除脂肪を行うと、より効果が表れる。フェーズ１は、食べて絞れる身体の仕込み、フェーズ２はPFCバランスの最適化、フェーズ３は代謝のコントロール、フェーズ４はカロリー収支をマイナスに持っていくことがテーマ。

フェーズ1 食べて絞れる身体の仕込み（食べる量・動く量を増やす）

フェーズ2 PFCバランスを最適化

フェーズ3 代謝コンロトール

フェーズ4 カロリー収支マイナス

バズーカメモ

心理面と健康面のモニタリングも忘れず

極端な減量によりエネルギーが不足することは、トレーニングパフォーマンスの低下や筋量の減少以外にも悪影響が及ぶ。さらにホルモンバランスや自律神経が乱れ、心理面や健康面に悪影響が及ぶこともある。実際に減量を行う場合は、体重だけでなく、メンタルや健康もモニタリングしながら、焦ることなく内容を微調整していきたい。

フェーズ1 食べて絞れる身体の仕込み（食べる量・動く量を増やす）

継続のコツは、減らす（マイナス）ではなく、増やす（プラス）から入る！

身体を絞ろうとすると、いきなり食事量を減らしがち。しかし、慣れない状況でいきなり減らすと体脂肪はおろか筋肉も減少してしまう。食べてもトレーニングでエネルギーを使いきれば、身体は絞れる。また、気持ち的にも「減らす」食事管理はストレスになり、長つづきしない。食べるも動くも「増やす」ことを基本とし、食事の質、そして運動を変えることから始めよう。本書が先に筋肥大の食事を解説している意図が実はこれにある。除脂肪を行うなら、先に筋量を増やし、基礎代謝量を上昇させておくことが有効だからだ。

#1　食物繊維を段階的に増やす

栄養のほとんどは腸管から吸収される。腸内環境が整っていなければ、筋肉をつけ痩せる準備が整っていないのと同じこと。まずは、主食に雑穀米、玄米、麦飯、全粒粉のパンやパスタを取り入れて、食事に食物繊維を加えること。海藻たっぷりのみそ汁、生野菜や温野菜、豆類やいも類、きのこ類もOK。ゆでたスーパー大麦を副菜に混ぜるのもおすすめだ。

#2　噛む回数を増やす

食物繊維を増やすことと噛む回数を増やす（できれば25回）ことはセットと考える。食物をできるだけ細かく咀嚼すれば胃腸への負担が減少し、栄養吸収の効率が高まる。また、よく噛む“遅食い”のほうが食事誘発性熱産生によるエネルギー消費が高まることがわかっており、年間体脂肪の約2kgに相当するエネルギーが消費されることも報告されている。　（濵田ら,2016）

#3　炭水化物を段階的に増やす

除脂肪の場合も筋肥大と同様に、トレーニングを軸としたエネルギー消費がベース。摂取エネルギー（主に糖質）をトレーニングで使いきり、体脂肪を燃焼せざるを得ない状況をつくる。そのためには、トレーニング前の糖質（炭水化物）摂取を増やすこと。エネルギー（糖質）を入れて高強度かつ高ボリュームのトレーニングで使いきる、言い換えれば解糖系エネルギー代謝の流れを活性化させる身体と心を仕込もう。

フェーズ2 PFCバランスを最適化

P（タンパク質）、F（脂質）、C（炭水化物）という３大栄養素の質や量のバランスを変化させて最適化を図る段階。食事の総量を減らすことなく、PFC バランスを整えることで食事の質を整えていく。結果として摂取エネルギー量が減ることがほとんど。基本的には食事量を減らさずに内容を意識するだけなので、ストレスフリーで継続しやすい。

#4　タンパク質を段階的に増やす

筋量を減らさずに体脂肪を落とすためには、筋肉の材料であるタンパク質が必要。タンパク質は一度に摂取できる量に制限がある（余剰分は腸内で腐敗し、排泄される）ため、毎食ごとに適量を摂取するよう心がけよう。１食 20g という指標はあるが、まずは３食満遍なく摂ることを意識。特に朝昼の食事は不足しがちなので注意したい。そして肉や魚、乳製品、卵、豆類などさまざまなタンパク質源を食べるようにすると良い。

#5　脂質の質を変える

タンパク質や炭水化物と比べ、脂質のカロリーは倍以上。体脂肪として蓄積されやすい性質を持っているため、除脂肪の食事では脂質を抑えるのが基本。しかしその前に脂質の質を変えることでも除脂肪効果を高めることができる。例えば MCT オイルは、体脂肪になりにくく、全身の脂質代謝が上がるという性質を持つ。ドレッシングを MCT オイル＋しょうゆや塩こしょうに換えるだけでも除脂肪効果が高まる。健康効果が高く、必須脂肪酸として食べなければならないオメガ３脂肪酸への置き換えも有効。

#6　脂質が抑えられる食材や調理法へ

タンパク質を増やす、脂質の質を変えるというアプローチに慣れたら、脂質の量が少ない調理法や食材に変えることを考えよう。調理法を「焼き・ゆで」などに変えたり、肉の選び方を霜降りから赤身肉に切り換えたりするのも有効。急激に変えると、満腹感が減少したり、味に物足りなさを感じたりするため、ストレスがないよう徐々にシフトすることが重要。

フェーズ3 代謝コンロトール

除脂肪を優位に進めるには「食べても太らない＝食べた分だけ燃やせる」身体にシフトさせることが重要。トレーニングを軸として考えた場合、①使うために備える、②入れたものを燃やしきる、③ゼロになったところで補給という代謝の基本サイクルに則し、摂取のタイミングやバランスを考える段階に入る。

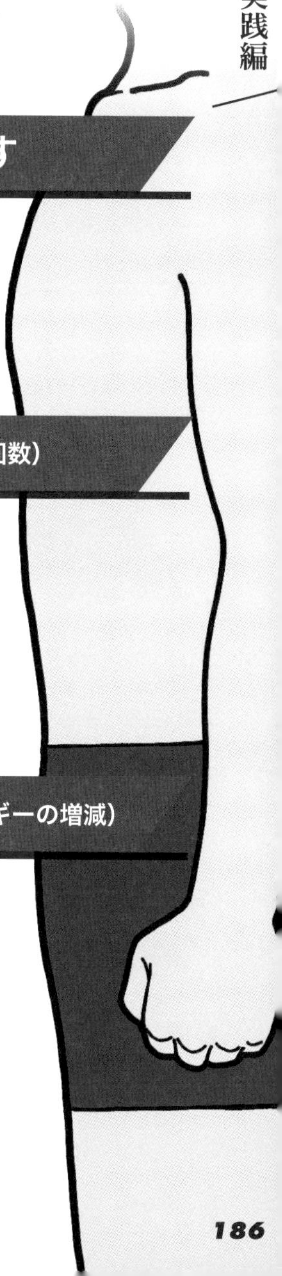

#7 脂質を段階的に減らす

脂質はエネルギー量が大きいため、ここからさらに絞っていくためには、段階的に減らしていくことが必要だ。基本的には、脂質を減らした分はタンパク質に置き換える食事が有効。トレーニングの量が十分であれば、炭水化物に置き換えても良い。仮に摂取エネルギーが変わらなくても（通常は下がる）、食事誘発性熱産生は増えるので、代謝全体で考えるとコントロールとなる。野菜のドレッシングを油少なめ→ノンオイル→塩というように、段階的に脂質を抑える努力を。

#8 食事回数の増加（少量×高回数）

ダイエットの天敵は、極端な空腹感。それがドカ食いなどの反動を呼ぶからだ。また、空腹感が大きいと血糖値の急激な上昇を誘い、余分なエネルギーを細胞内に吸収し体脂肪として蓄積しやすくなる。このような状況を避けるため、例えば１日の食事の回数を４～５回に増やし、１回の食事量を少なく分散させることが有効。間食、いわゆるおやつを食事扱いすることも有効で、「シックスパックプロテインバー」（著者監修）などは食べやすく栄養スペックも良い。

#9 代謝を揺さぶる（摂取・消費エネルギーの増減）

同じトレーニングと同じ食事を長期間継続すると、なかなか絞れなくなってくることがある。これは残された体脂肪が少なくなってきたために、体脂肪「量」の減少が捉えにくくなっているだけの場合か、いわゆる停滞期のどちらかである。たくさん食べてたくさん動く日を設定したり、１週間は除脂肪を緩めたりするなど、摂取・消費エネルギーを増減させて代謝を揺さぶることがその打破に有効。

フェーズ4 カロリー収支マイナス

フェーズ3までのアプローチだけでも（正しく実践すれば）かなり身体が絞れてきているはず。しかし、それでもまだ身体が甘い、もう少し仕上げたいという場合。ここで初めてカロリーという数字を意識したアプローチに入る。ベースカロリー（P188）を基に消費と摂取の収支バランスをマイナスに持っていく。

#10　消費エネルギーを増やす

P188でも解説するが、自分のベースカロリーを把握しておくことも必要だ。数字にとらわれすぎるのは、継続の障害になる恐れがあるので数字との距離感が大切になるが、カロリーによるアプローチが極めて有効なのも事実。もうひと絞りしたい場合は、トレーニングの頻度を上げる、有酸素運動を加えるなどし、消費エネルギーを増やしてみよう。

#11　摂取エネルギーを段階的に減らす

食事制限によって摂取エネルギーを減らすことは、最終手段と考えよう。摂取エネルギーのベースラインを算出（P188）し、そこから5％もしくは10％オフするというのが基本。しかし、その数値は推定でしかないので、あくまでも目安ということだけは忘れないように。日々の体重変化だけでなく、筋肉のつき方、ウエストサイズ、トレーニング内容など、肉体進化のモニタリングの解像度を高めながら進めること。

バズーカメモ

噛むことで食欲を抑える

私たちは満腹を感じると食欲が減るが、これは脳の視床下部にある「満腹中枢」によって制御されるから。ここには「血液中のグルコース」「腸の食欲抑制ホルモン」「胃の食欲促進ホルモン」が関与している。食事をすると、血糖値が高まり、腸が伸ばされることで食欲を抑制する消化管ホルモンであるCCK、PYY、GLP-1の分泌が高まり、胃が伸ばされることで食欲を促進するグレリンの分泌が抑えられる。これらの情報が視床下部に伝達されることにより、満腹感を感じるのだ。早く食べることは、ゆっくり食べることに比べ、血糖値の上昇が間に合わず、食欲抑制ホルモンの分泌が少なく、グレリンの分泌も減らない。その結果、満腹感が得られず食べすぎにつながる。つまり、よく噛み、ゆっくり食べることは除脂肪につながるのだ。

自分に合った理想の食事をカスタマイズしよう！

筋肥大にしても除脂肪にしても、**自分に必要なエネルギー量を知ることは重要**です。理論上、消費エネルギー量と摂取エネルギー量が均衡していれば、体重は変わらないということになります。このバランスをコントロールすることが、筋肥大と除脂肪の基本になっているのです。ダイエットを目的とする食事管理の王道として、最初にベースカロリーを導き出し、摂取と消費の収支バランスで体重をコントロールするのが一般的ですが、そのためには細かなカロリー計算式が必要になります。

消費エネルギーについて、一般的によく使用される推定式などがありますが、それで出る値はあくまで推定値。筋肉量は考慮されておらず、トレーニーにとっては目安程度にとどめておくのが無難です。また、食べ物に含まれるエネルギー量でさえも、1つとして同じ食べ物はないため完全に正確な数値ではなく、消費も摂取も推定でしかないからです。それなのに細かい数字に縛られすぎると、精神的にきつくなって長つづきしにくいので、**実際の身体の変化をモニタリングし、適宜、食事量と運動量をコントロールしていくことこそが大切**です。

食事のカスタム術 実践編

自分のエネルギー必要量を計算する

場合によっては感覚だけに頼っていると難しい局面もあり、ある程度の数値目安を把握しておくことも重要。そこで経験則から導き出されたしっかりトレーニングする人向けの簡単な計算式「除脂肪体重× 40 ＝エネルギー必要量」を目安にするのもおすすめ。しかしこれでさえも不確かな部分が多いため、身体の変化をしっかりモニタリングして、適宜アレンジすることが大切。

＼トレーニー向け！／ バズーカ式ベースカロリー計算式

除脂肪体重 × 40 ＝ エネルギー必要量(kcal)

▶ 除脂肪体重の求め方

除脂肪体重＝体重(kg)－(体重×体脂肪率) ※体脂肪率は体組成計の数値を目安に。

例　体重70kg、体脂肪率20％の場合

除脂肪体重　70－(70×0.2)＝**56**kg　　ベースカロリー目安　56×40＝**2240**kcal

除脂肪の場合は、ベースカロリーを基準に**5％**ないし**10％オフ**するのが目安。

5％オフの場合　2240×0.95＝**2128**kcal　　10％オフの場合　2240×0.90＝**2016**kcal

数字との距離感が大事！

食事管理で大事なのは、トレーニングと同じく「身体との対話＝マインドマッスルコネクション」だ。筋肥大の場合は、高強度＆高ボリュームのトレーニングで追い込めて、しっかり回復できる食事の量と質をキープすること。除脂肪の場合は、筋量を落とすことなく（トレーニングの強度とボリュームを落とさない）、１週間につき体重の 0.5 ～１％減を目標に、最終的には摂取エネルギーをベースカロリーの５％ないし 10％オフすることが基本となる。特に除脂肪の場合、数字重視に偏りがちだが、大事なのは理想の身体に近づくことであり、数字を追求することはその手段でしかない。確かに食事と運動によるエネルギー収支の管理は減量の王道で効果は高いが、身体をモニタリングし、現在の食事と運動のバランスで目的とする効果が出ているのか確認することが重要。身体と対話することで数字に縛られず、時には数字に縛ってもらいながら、理想の身体を追求してほしい。

おわりに

私が栄養に目覚めたのは中学生の頃。当時は普及していなかったプロテインの存在を知った時でした。食事とトレーニングが密接に結びついていることを実感し、火がついたように栄養を勉強する日々が始まります。それから約30年が経った２０２２年度、日本体育大学では教授へと昇格し、「日本マスターズボディビル選手権」で優勝（40歳以上級）、「ＩＦＢＢ世界ボディビル選手権」で3位（マスターズ40〜44歳70kg以下級）に入賞。科学という深淵な世界での〝研究〟、ボディビルという究極の実践での〝経験〟と、両方の道で結果を残すことができました。

その過程は試行錯誤の繰り返しでした。日々の栄養摂取量を細かく記録した時期もあり、いつの間にか自然と必要な食事を選べるようになりました。また、指導者として多くのトレーニーの身体の変化を目の当たりにし、研究者として国内外の論文を読み漁ってきました。

長年の活動でわかったことは、栄養の世界は実に複雑で、神秘的と言えるほど絶妙な作用が働き合っていること。その一つ

執筆協力／*Team Bazooka Okada*

小谷鷹哉（こたに・たかや）

第２章「ボディメイクと5大栄養素の深すぎる関係」を担当。
東京大学大学院博士課程修了博士（学術）、2019年より日本体育大学助教に着任。
NSCA-CSCS（全米ストレングス＆コンディショニング協会認定ストレングス＆コンディショニングスペシャリスト）、JATI-ATI（日本トレーニング指導者協会認定トレーニング指導者）、柔道整復師の資格を持つ。科学的根拠に基づいたトレーニングやリハビリテーション方法の確立を見据え、分子生物学・細胞生物学的な手法を用いて骨格筋の量的・質的な変化のメカニズム解明に関する基礎研究を行っている。

大田崇央（おおた・たかひさ）

第３章「脂質」を担当。
東京大学大学院博士課程修了博士（学術）、2016〜2020年横浜市スポーツ医科学センター医科学員、2020〜2022年日本体育大学助教を経て、東京都健康長寿医療センター研究員として着任。
分子生物学・筋生理学的なアプローチからタンパク質摂取と筋タンパク質合成応答の研究に従事。現在では新たに老年医学的手法を加え、骨格筋と生活習慣病や認知症との関連を解明すべく研究活動を行っている。

ひとつが運動と結びつき、初めて身体が変わっていくことです。

しかしもう1つ、大切なことを付け加えなければなりません。〝結局、答えはシンプルだ〟ということです。知識がどんなに増えたとしても、素材から美味しいと感じるものは身体に良く、そして楽しい食事は人生を彩ってくれます。食べることは生きること、すなわち人生です。素材のうま味を引き出す伝統的な日本食が栄養学的にも優れているように、自然体の人間が欲するものの重要性は、科学的にも効果が認められていくでしょう。

身体づくりはもちろん、人生を健康に楽しむためのもの。そんなシンプルな境地に達するためには、一度しっかりと栄養を学ぶことが大切だと考えています。筋トレ初心者、熟練者、ボディビルダー、トレーナー志望者から、これからダイエットを始める人まで、すべての人にとって、本書が〝より良い食事と身体、そして豊かな人生をつくるきっかけ〟になることを、心から願っています。

岡田　隆

三矢紘駆（みつや・ひろく）

第３章の「タンパク質」を担当。
日本体育大学大学院修了（体育科学修士）、同大学大学院博士後期課程に在籍中。日本体育大学ボディビル部コーチを務める。2022 年より日本体育大学大学院健康スポーツ医科学コース助教に着任。公益社団法人日本ボディビル・フィットネス連盟 ジュニア委員を務める。NSCA-CSCS（全米ストレングス＆コンディショニング協会認定ストレングス＆コンディショニングスペシャリスト）の資格を持つ。第 53 回東京ボディビル選手権大会 Jr.　第３位入賞。「筋肉の鍛え分け」をテーマに、ウエイトトレーニング時の関節角度や姿勢の違いが筋肥大に及ぼす影響を、さまざまな測定機器を用いて観察している。

八角卓克（はっかく・たかよし）

第１章、第３章の「炭水化物」「ビタミン」「ミネラル」「機能性成分」、第４章を担当。
日本体育大学大学院修了（体育科学修士）、株式会社 LIFE BUILDING フィットネス総合研究所上席研究員、日本健康医療専門学校などで講師を務める。2022 年に設立された日本プロパーソナルトレーニング指導者協会の理事を務める。NSCA-CSCS（全米ストレングス＆コンディショニング協会認定ストレングス＆コンディショニングスペシャリスト）、JSPO-AT（日本スポーツ協会公認アスレティックトレーナー）、柔道整復師の資格を持つ。第 51 回 全日本社会人ボディビル選手権大会新人の部　準優勝。

岡田隆 Okada Takashi

ボディビルダー／日本体育大学体育学部教授／博士（体育科学）／理学療法士
日本オリンピック委員会　科学サポート部門員／
日本ボディビル・フィットネス連盟　ジュニア委員会　委員長／骨格筋評論家／バズーカ岡田

トレーニングは「心と身体を鍛えるもの」をポリシーに、トップアスリートから一般の方まで、さまざまなフィールドでそれぞれに適した身体づくりを提案・指導している。
1980 年、愛知県出身。日本体育大学卒業、日本体育大学大学院修了、東京大学大学院単位取得満期退学。厳しいトレーニングと減量から成るボディビルは、身体だけでなく心も鍛えるとして学生指導の核に掲げており、日本体育大学バーベルクラブの顧問を務めている。自身もウエイトトレーニングの実践者として 2014 年にボディビル競技に初挑戦。デビュー戦の東京オープン選手権大会 70kg 級で優勝。16 年には日本社会人選手権大会を制し、日本選手権大会には 16 年、17 年に連続出場している。４年ぶりの復帰を果たした 2022 年シーズンでは『第 34 回日本マスターズボディビル選手権大会』40 歳以上にて優勝を果たす。それにより IFBB 世界ボディビル選手権大会（スペイン）に日本代表として派遣され、40-44 歳 70kg 以下級において第 3 位となった。
また実践と学術研究から得られた実践的・科学的知見を実際に享受できる場として、パーソナルジム「STUDIO BAZOOKA」やボディケアサロン「ACTIVE RESET」を展開。
2021 年まで柔道全日本男子チーム体力強化部門長を務め、2016 年リオデジャネイロオリンピックでは史上初全階級メダル制覇、2021 年東京オリンピックでは史上最多金メダル 5 個獲得に貢献。
『除脂肪メソッド』（ベースボール・マガジン社）、『最高の除脂肪食』（ポプラ社）、『世界一細かすぎる筋トレ図鑑』（小学館）など著書多数。YouTube チャンネル「バズーカ岡田の筋トレラボ」「バズーカ岡田チャンネル」でも食生活、筋トレ、スポーツ記事の解説を発信中。

Staff
企画・編集／千葉慶博（KWC）
取材・構成／相澤優太
カバーデザイン／渡邊民人（TYPEFACE）
本文デザイン／谷関笑子（TYPEFACE）
イラスト／丸口洋平
撮影／蔦野裕
モデル協力／五味原領
校正／聚珍社
執筆協力／Team Bazooka Okada（大田崇央、小谷鷹哉、八角卓克、三矢紘駆）

世界一細かすぎる筋トレ栄養事典

2023年 3月4日　初版第1刷発行
2024年 7月9日　初版第3刷発行

著者　岡田隆
発行者　石川和男
発行所　株式会社　小学館
〒101-8001　東京都千代田区一ツ橋 2-3-1
電話　（編集）03-3230-5125
（販売）03-5281-3555
印刷所　TOPPAN株式会社
製本所　TOPPAN株式会社

ISBN978-4-09- 311527-8

＊制作／浦城朋子・松田貴志子・斉藤陽子　販売／中山智子　宣伝／鈴木里彩　編集／竹下亜紀